Wladyslaw Bartoszewski

Es lohnt sich, anständig zu sein

HERDER / SPEKTRUM
Band 4449

Das Buch

Vom KZ auf die Bühne der Weltpolitik – ein beispielloses Leben jenseits aller Normalität. Der weltbekannte Schriftsteller Stanislaw Lem sprach in einer Würdigung davon, daß kein Preis und kein Lob einem solchen Menschen gerecht werden können. Was gibt ihm die Kraft? Woher kommt sein Mut? Wladyslaw Bartoszweski, „ein leidenschaftlicher Humanist" (H. Böll), erzählt in diesem Buch sein Leben, spannend, fast lakonisch: als Jugendlicher in Auschwitz, gleich nach seiner Freilassung im Widerstand gegen die Nazis und aktiv im Warschauer Aufstand, interniert unter seinen eigenen kommunistischen Landsleuten, ausgewiesen aus Polen. Ein Gejagter, der zum Helfer wurde. Einer, der unter dem Haß zu leiden hatte und zum Vorkämpfer der Versöhnung wurde. Selbst oft genug ein Opfer, hat Bartoszewski zeitlebens dafür gekämpft, daß nicht auch andere zu Opfern wurden. Immer wieder hat er Kopf und Kragen riskiert, bürgerliche Sicherheit und Karriere hinangestellt und unbeugsamen Mut bewiesen. Man ruft so oft nach Vorbildern. Er ist eins" (Hans Maier). Wir brauchen solche Menschen, die widerstehen und im entscheidenden Moment das Richtige tun. 1986 erhielt Wladyslaw Bartoszewski den Friedenspreis des Deutschen Buchhandels. 1990 wurde er zum außerordentlichen und bevollmächtigten Botschafter der Republik Polen in Österreich. Im November 1990 wurde er zum Vorsitzenden des Internationalen Rats des Staatlichen Museums Auschwitz gewählt. 1992 wurde ihm in Wien feierlich die Ehrenstaatsbürgerschaft des Staates Israel verliehen. Im März 1995 erfolgte die Ernennung zum Minister für Auswärtige Angelegenheiten der Republik Polen. Dieses Buch ist die Botschaft seines Lebens: Es lohnt sich, anständig zu sein.

Der Herausgeber

Reinhold Lehmann ist Journalist, Vorstandsvorsitzender des Maximilian-Kolbe-Werks zur Unterstützung von KZ-Opfern. Er gehört zu den Pionieren der Verständigung zwischen Polen und Deutschen. Heute leitet er KNA-Bild in Frankfurt.

Wladyslaw Bartoszewski

Es lohnt sich, anständig zu sein

Meine Erinnerungen.
Mit der Rede zum 8. Mai

Mit einem Nachwort herausgegeben
von Reinhold Lehmann

Herder
Freiburg · Basel · Wien

3. Auflage

Gedruckt auf umweltfreundlichem, chlorfrei gebleichtem Papier

Verlag Herder Freiburg im Breisgau 1995
Herstellung: Freiburger Graphische Betriebe 1996
Umschlaggestaltung: Joseph Pölzelbauer
Umschlagfoto: KNA-Bild, Frankfurt a. M.
ISBN 3-451-04449-8

Inhalt

„Es lohnt sich, anständig zu sein"
Nachts schläft die Polizei doch oder der 13. Dezember 1981 10

Glückliche Kindheit in einem freien Land
Zwischen Zentralgefängnis und Großer Synagoge . . . 18

„Mama, das sind doch Übungen ..."
Der Zweite Weltkrieg: Wie die ersten Menschen im Schlaf starben 26

Große Nase, Brille, also Jude ...
Die Juden werden registriert und diskriminiert 30

„In die Freiheit – nur durch den Kamin ..."
Im Lager Auschwitz: Wie die Angst Menschen erniedrigt . 39

Der Held, der sich hinter dem Gebüsch verbarg
Wie ein einfacher Forstaufseher die Toten lebendig machte 53

Die Gefallenen werden geküßt
Wie ich Juden half und dadurch selbst gerettet wurde . 59

„Um Himmels willen, eine Seuche"
63 Tage Warschauer Aufstand: Freiheit für einen Liter Wodka und 40 Golddollar 67

Wir fahren nach Auschwitz
Der Doktor mit den falschen Papieren – „Befreiung" durch die Russen 75

„Ich laufe in eine Falle"
Mein Leben in stalinistischen Gefängnissen 81

„Sie werden verfaulen"
Mit einem Mönch und einem Gestapochef im Gefängnis 86

Ich lebe, als ob nichts wäre
18 Polizisten und 700 kg Bücher 94

„Mein Herr, kaufen Sie unsere Gottesmutter!"
Meine Begegnungen in der Bundesrepublik Deutschland – Meine Träume von der Zukunft von Deutschen und Polen 97

„Jeder muß selbst lernen"
Die Erfahrung meines Lebens 106

Was bleibt
Erinnerungsarbeit und Hoffnungen 113

Rede zum Gedenken an den 8. Mai 1945 vor dem Deutschen Bundestag 117

Nachwort
Von Reinhold Lehmann 138

Lebensdaten von Wladyslaw Bartoszewski 143

Ich sage dir: Es gibt keine göttliche Amnestie, die dir das Werden erspart! Du möchtest sein: Du wirst nur in Gott sein: Er wird dich in seine Scheune einbringen, nachdem du langsam durch deine Handlungen geworden und geknetet sein wirst; denn der Mensch braucht lang zum Geborenwerden.

Antoine de Saint-Exupéry, Stadt in der Wüste

Es lohnt sich, anständig zu sein

Nachts schläft die Polizei doch oder der 13. Dezember 1981

Die Nacht vom 12. auf den 13. Dezember 1981. Um 23.30 Uhr gehe ich zu Bett und schlafe sofort ein. Es klingelt mitten in der Nacht, mehrmals, grell und durchdringend. Mitten in der Nacht? Um diese Zeit? Ich schaue aus dem Dachfenster und sehe drei, vier Schatten vor dem Haus. Was ist das? Was mag das bedeuten? Die Schatten sprechen mich, wie meine Freunde, mit meinem Vornamen an. „Herr Władek", sagen sie, „lieber Herr Władek, machen Sie die Tür auf, öffnen Sie, bitte."

„Wer sind Sie?" entgegnete ich. „Die Polizei." „Die Polizei, die kommt nicht in der Nacht", antworte ich, „die kommt frühmorgens. Also, meine Herren, kommen Sie am Morgen wieder ..."

Aber die Schatten bleiben. „Machen Sie keine Schwierigkeiten", sagen sie schon etwas ungeduldiger. Ich gehe nach unten. Die Tür ist schon halb aufgebrochen. „Meine Herren", sage ich, „lassen Sie das. Ich werde die Polizei anrufen und fragen, ob Sie wirklich einen Auftrag haben. Dann werde ich öffnen. Mein Telefon ist gleich an der Tür. Sie können mich von außen hören. Ich rufe jetzt an."

Ich wähle die Nummer der Warschauer Polizei. Die Leitung ist tot. Aber die Schatten sagen: „Machen Sie keine Witze. Sehen Sie nach vorne in die Straße hinein, dort sind unsere Einsatzwagen." Und richtig, in der kleinen Gasse vor meinem Warschauer Reihenhaus stehen sie schon: Polizeiautos und Uniformierte. „Na gut", sage ich, „dann werde ich öffnen."

Die Polizisten kamen herein. „Władysław Bartoszewski?" „Ja das bin ich!" „Sehen Sie, hier steht es: ‚Wird interniert im Warschauer Gefängnis Bialoleka.' Zunächst bringen wir Sie zum Warschauer Polizeibezirk Mokotow."

In meiner Schreibtischschublade lagen zwei Flugkarten. Meine Frau und ich waren in die USA eingeladen worden. Mein Paß befand sich noch in der amerikanischen Botschaft.

Was fällt einem erfahrenen Häftling in einem solchen Augenblick ein? Pullover, warme Unterwäsche, einen mit Pelz gefütterten Mantel, das braucht man. Decken? Nein, die liegen im Gefängnis bereit. Kein Geld, nur rasch einen Kamm, Zahnbürste, fertig. Eine Minute.

Unsere Ehre – nicht mehr

Im Flur nehme ich von meiner Frau Zosia Abschied. „Es wird alles gut werden. Was einzig und allein zählt, das ist die Würde, unsere Ehre, nicht mehr!" Noch ein kurzes Gespräch mit der Polizei. „Meine Herren, warum haben Sie mit Gewalt die Tür aufgebrochen? Sie wissen doch, es ist Vorschrift bei uns, nachts niemanden zu verhaften ..." Aber sie sagten: „Nicht jetzt, es ist Kriegsrecht ..."

Es war Kriegsrecht. Um Mitternacht hatte der General mit der dunklen Brille das Kriegsrecht über ganz Polen ausgerufen. Tausende waren anhand lange vorbereiteter Listen festgenommen worden. Mit dem Buchstaben ‚B' war ich einer der ersten. Aber vor dem Polizeibezirk Mokotow in Warschau warteten schon Hunderte von Menschen. Ein Drittel der Menschen, denen ich auf der Treppe begegnete, kannte ich. Professoren, Schriftsteller und Dozenten. Halb Warschau ... Viele Freunde darunter. Ja, so war alles wieder in Ordnung. Lehrerinnen, Studentinnen, Professorinnen, Schauspielerinnen. Wir waren in guter Gesellschaft.

Im Zimmer des Polizeibezirks dann die Funktionäre, das Hilfspersonal, das man zum Schreiben der Protokolle aus den Betten geholt hatte. Alles nach Plan.

An den Tischen gaben wir unsere wenigen Sachen ab, auch unsere Uhren. Alles verschwand in einem Sack.

Wir warteten im Flur, bis die Kastenwagen kamen. Auch dort traf ich wieder Bekannte. Als dem Ältesten wurde mir gleich ein freier Platz angeboten. Und dann fuhren wir zum Gefängnis

Bialoleka an der Warschauer Stadtgrenze. Die Älteren und Erfahrenen unter uns kannten es schon. In den sechziger Jahren gebaut, ein unsympathischer Block. Innen unhygienisch und verdreckt.

Vor dem Eingangstor warteten wir eine Stunde. Das Gefängnispersonal hatte Bereitschaftsdienst, wußte aber von nichts. Alles war geheim. Vielleicht dachten sie, es würden vier Leute kommen, aber es kamen 400. Die Nacht ist sonst in unseren Gefängnissen tabu. Nach dem Appell beginnt die unantastbare heilige Zeit, in der die Häftlinge mit ihren Träumen allein sind. Um drei Uhr nachts fanden wir uns zu neunt in einer schmutzigen Zelle wieder, ohne Bettwäsche, nur mit Strohsäcken und Dekken. Die Wäschelager waren noch nicht geöffnet. „In ein paar Stunden", so sagten die Gefängniswärter, „werden Sie alles bekommen ..."

„Wir hören Ihre Stimme"

Als alter und erfahrener Häftling übernahm ich die Führung: jüngere Häftlinge (auf die Pritschen) nach oben, ältere Häftlinge nach unten. Man weiß nie, was der Morgen bringt. Die Decke übergezogen, den Kopf mit der Hand gestützt – und schlafen.

Ein junger Mithäftling, der am anderen Morgen nach Paris fahren sollte und brutal aus seinen Träumen gerissen wurde, fragte mich ängstlich, was passieren würde. Ich sagte: „Wir werden nach Rußland gebracht, oder wir werden hierzulande sitzen oder umgebracht. Ich bevorzuge das zweite."

Die ganze Zeit hörten wir aus dem Lautsprecher, der hinter Gittern fest in die Wand eingebaut und nicht zu entfernen war, die Ausrufung des Kriegsrechtes, die Nationalhymne und patriotische Lieder. Wir mußten es über uns ergehen lassen. Das Essen reichte. Es war kalt, fett und abscheulich. Einige weigerten sich. Ich sagte: „Jungs, man muß essen, auch die Zulage, alles, damit man im Gefängnis bei Kräften bleibt. Fressen!"

Die 400 Insassen wählten mich gleich nach dem Frühstück zum Gefängnisältesten. Sie schrien aus ihren Zellen: „Wir wollen Bartoszewski. Kommen Sie ans Fenster. Sagen Sie laut: Ich bin Bartoszewski. Wir hören Ihre Stimme." Ich höre Sie. „In Ordnung", sagte ich.

Kampf mit friedlichen Mitteln

Am 15. Dezember kam ein Oberst und suchte 15 Personen aus. Mit dem Militärhubschrauber ging es nach Hinterpommern, in ein Erholungsheim der Luftwaffe, mitten zwischen Seen und Wäldern. Der Name ging inzwischen durch die Weltpresse: Jaworze bei Drawsko. Ich wurde dort zum Lagerältesten gewählt.

Im Laufe der Zeit kamen 50 Menschen zusammen, meist Leute aus den Universitäten, Schriftsteller und was man bei uns Intellektuelle nennt. Seitdem haben wir unseren Kampf mit friedlichen Mitteln geführt: um einen Priester, der die Heilige Messe liest, um Besuch, um Briefverkehr. Was wir als Internierte tun dürfen, welche Rechte wir haben. Man muß möglichst viel verlangen.

Am Ende waren wir 55 bis 60 Personen, darunter auch Mitglieder von Verlagshäusern, die im Untergrund gearbeitet hatten. Wir lebten wie in einem Offizierslager im Krieg. Nach außen hin waren wir zwar abgeriegelt, im Inneren aber hatten wir Autonomie. Alle Türen waren offen und alle Korridore zugänglich. Alle, auch die Juden, gingen zur Heiligen Messe, als Ausdruck der Hochachtung gegenüber dem Gast, Priester oder Bischof, der gekommen war.

Wir lebten als eine tolerante Gemeinschaft: In einem Zimmer sangen die Häftlinge Kirchenlieder, in anderen wurden Gedichte zitiert oder Theater gespielt.

Was tut ein erfahrener Gefängnisinsasse, wenn er sich mit einem raschen Blick ein Bild von der Lage gemacht hat? In der ersten Nacht schon sah ich, daß wir alles selber machen mußten. Und ich sagte: „Liebe Kollegen, wir gehen jetzt schlafen. Morgen müssen wir sauber machen. Wir müssen dieses Haus auf dem gleichen Niveau wie unsere Wohnungen halten, denn für die kommenden Monate wird dies unser Zuhause sein. Ich weiß, daß es sehr unangenehm ist, Toiletten und Badezimmer zu reinigen. In jedem Zimmer sind drei Personen. Sie sollen diese Arbeit für drei Tage übernehmen. Wir fangen morgen an, und ich werde selber das Klosett säubern." Und schon war alles in Ordnung.

Den Frauen und Kindern in die Augen schauen

Natürlich begannen wir in diesem Internierungslager auch sofort mit der politischen Tätigkeit. Wir schrieben Texte, redigierten sie und schmuggelten sie hinaus.

Die erste Hürde nach der Ausrufung des Kriegsrechtes am 13. Dezember war Weihnachten. Die internierten Frauen, die in unserem Teil des Lagers waren, durften bis Mitternacht bei uns bleiben. An diesem Weihnachtsfest 1981 sagte ich zu meinen Freunden: „Ich bin zum 9. Mal an Weihnachten in Haft. Es kann sein, daß es taktlos ist, wenn ich euch das heute sage. Es soll aber nur bedeuten, daß ich euch damit ermuntern will. Man kann auch neunmal Weihnachten in der Haft feiern und zugleich ungebrochen sein. Ich will euch damit trösten. Ich wünsche niemandem von euch neun Jahre Weihnachten hinter Gittern. Einmal genügt schon. Aber man darf daran nicht verzweifeln. Es wird auch die Zeit für uns kommen, in der wir Weihnachten wieder zu Hause bei unseren Familien feiern können. Ich wünsche euch nicht so sehr, daß wir bald nach Hause kommen. Obwohl das jeder gern möchte. Ich wünsche euch, daß ihr in einem solchen Zustand nach Hause zurückkehrt, in dem ihr euren Frauen und euren Kindern und allen euren Freunden in die Augen schauen könnt. Es ist nicht sicher, wann wir alle entlassen werden. Wichtiger als die Entlassung ist ja die äußere und innere Haltung, in der wir dieses Haus verlassen."

Nach diesen Worten haben fast alle geweint. In einer so trostlosen Lage, nachdem mein Vaterland von unseren eigenen Landsleuten überfallen worden war, mußten solche Worte eine Herausforderung darstellen.

Aber ich habe gelernt, in meinem Leben meine Zukunft zu teilen. Immer, wenn man die kommenden Tage und Jahre mit jemand teilt, vor allem mit Verfolgten, dann wird einem das zurückgegeben. Das ist der Glaube, den ich mir bewahrt habe. Und ich glaube, daß der Heilige Geist dabei hilft.

Alles, was ich in meinem Leben an Gutem zu tun versucht habe, wurde mir wiedergegeben, mehr als hundertmal, ja tausendmal. Die Rechnung meines Lebens ist bisher eine Rechnung, die beweist: *Es lohnt sich, anständig zu sein.* Und dieses „anständig bleiben“, diese meine Erfahrung, daß es notwendig ist, in wichtigen Fragen unbeugsam zu bleiben, sich nicht erniedrigen zu lassen, das wollte ich damals im Lager meinen Schicksalsgenossen mitteilen.

Ich habe im Zweiten Weltkrieg Juden geholfen. Sie haben nachher auch mir geholfen. Ich bin dadurch selbst gerettet worden. Ich konnte nicht gleichgültig durchs Leben gehen, nachdem ich gesehen habe, was rings um mich passierte. Mehr noch: ich habe nicht viel getan – und es wurde mir so viel zurückgegeben. Ich war eben so, weil ich so erzogen wurde.

Meine Eltern und Großeltern waren keine Intellektuellen im klassischen Sinn, keine Philosophen. Es waren anständige Menschen, die als Menschen leben wollten. Ich erinnere mich noch an ein Wort meines Vaters: „Es ist mir egal, welcher Herkunft der Mensch ist. Er muß ehrlich sein, das ist schon genug.“ Das hat mich damals beeindruckt. Und es ist ein Satz, der für mich ein Leben lang seine Wahrheit behalten hat.

Die religiösen Kräfte sind bei mir erst im Kriege gewachsen. Nach meinem Aufenthalt in Auschwitz, nicht vorher.

Lieber das Gute behalten

In Auschwitz und nach Auschwitz, vor allem in Auschwitz habe ich gezweifelt. Ich konnte dort kaum beten. Ich stellte die ewige Frage, die heute noch die Überlebenden bewegt: Wie kann der Herrgott das alles zulassen? Ich war nicht fromm genug, nicht gläubig genug, um dies zu begreifen. Für mich existierte Gott trotzdem. Ich konnte mir aber nicht erklären, wie das passieren konnte, auf welche schreckliche und zugleich geheimnisvolle Weise. Im Gefängnis und im Lager habe ich die Erfahrung gemacht, daß auch Toleranz sich lohnt. Es ist besser, das Gute zu behalten und das Schlechte zu vergessen, was einem die Menschen angetan haben. Sonst kann man nicht überleben. Ich will bewußt alles Negative verdrängen. Ich will das mit Absicht.

Nicht, weil ich ein Heiliger bin, sondern weil ich leben möchte. Ich will nicht mehr unter dem ständigen Druck stehen, unter dem ich jahrelang stand. Andere Leute haben sicher weit Schlimmeres mitgemacht. Aber ich fühle, für einen durchschnittlichen Europäer ist es genug.

Der Geschmack von Freiheit

Mitten zwischen Seen und Wäldern, in einem relativ komfortablen Haus, saßen wir jetzt mit unseren Hoffnungen und Träumen. Aber wir wußten: Die Geschichte geht weiter. Sie kennt trotz aller Rückschläge, die offensichtlich geworden waren, keinen Stillstand. Unser Land hatte in seiner Geschichte schon ausweglosere Situationen erlebt. Kaum jemand in unserem Land war seit den Ereignissen von Juli/August 1980, der Entstehung einer freien Gewerkschaft „Solidarität", so wahnwitzig, unsere geopolitische Lage in Frage zu stellen. Dazu bedurfte es bei uns nicht der Mahnungen aus dem westlichen Ausland, schon gar nicht jener Stimmen, die es nach der Ausrufung des Kriegsrechtes besser wußten, die sagten, es habe ja so kommen müssen, das habe man schon immer gewußt!

Wir wollten im Rahmen dessen, was möglich war, unsere Betriebe selbst verwalten. Unsere Jugend hatte zum ersten Mal erlebt, was Freiheit sein kann, sie hatte den Geschmack eines polnischen Sommers in sich aufgenommen. Trotz der brutalen Gewalt ist die Erinnerung an diesen Geschmack geblieben, unter den Studenten wie unter den Arbeitern. Alle Schichten der Bevölkerung hatten sich zum ersten Mal solidarisch gezeigt. Das war das Neue, das unsere Gesellschaft geprägt hat, und das wird sich auch in der Zukunft auszahlen. Denn auf Dauer können weder Parteifunktionäre noch Generäle ein Volk von 36 Millionen Menschen in die innere Emigration und damit in die Resignation treiben. Die Grenzen des Möglichen müssen immer wieder neu erkundet werden. Niemand kann diese Grenzen jetzt bestimmen. Sie sind fließend. Die Geschichte läßt sich nicht vorherbestimmen, das weiß ich als Historiker. Und ich hatte Zeit, darüber nachzudenken. Und träumen darf man doch, oder nicht? Auch in einem unfreien Land!

Wenn wir im Lager zu Gottesdienst und Gebet zusammenkamen oder allein beteten, dann dachten wir nicht nur an unsere Freunde, an unsere Frauen, an unsere Familien. Wir dachten an unser gedemütigtes Volk, an unsere polnische Nation; und an den Papst, der uns immer nahe war. Wir waren nie mutlos. Wir hatten für eine gerechte Sache gekämpft. Wir wußten, die Jugend wird sie weiterführen. Wenn nicht diese, dann wird die nächste Generation es schaffen. Der Boden dafür ist bereitet. Das Samenkorn, das in die Erde gelegt wurde, von Millionen von Menschen, es wird wachsen und reiche Frucht tragen.

Glückliche Kindheit in einem freien Land

Zwischen Zentralgefängnis und großer Synagoge

Was denkt man in solchen stillen Wintertagen, herausgenommen aus dem geschäftigen Warschau, abgeschoben in eine abgelegene Gegend in Hinterpommern? Herausgerissen aus dem Freundeskreis – und doch unter neuen und alten Freunden?

Man denkt vor allem auch an seine Kindheit. Man läßt sein Leben nochmals an sich vorbeiziehen. Ich habe Schreckliches, fast Unbeschreibliches in über 60 Jahren erlebt. Trotz allem bleiben mir glückliche Kindheitserinnerungen, Erinnerungen an ein Warschau, die Hauptstadt Polens, das nach 123 Jahren Teilung und Zerteilung wieder eine freie Republik wurde. Ich bin ein Kind dieser freien Republik, drei Jahre nach der Neugründung des polnischen Staates, nach der Wiederauferstehung des polnischen Adlers geboren. Wir waren die ersten, die in einem freien Staat zur Welt kamen – und erzogen wurden.

Mein Vater war Angestellter der Bank von Polen. Als Bauernsohn kam er aus dem ehemals russischen Teil des Landes nach Warschau. Wo die Russen herrschten, gab es bis zum Beginn des 20. Jahrhunderts auf dem Land keine Volksschule. Wir sollten dumm bleiben. Daß Mädchen auf die Schule gingen, galt als überflüssiger Luxus.

Meine Großmutter hat nur ein wenig gelesen, und wenn, dann im Gebetbuch. Großvater konnte schon etwas schreiben ... Mein Vater stammte aus einer Familie von halben Analphabeten und bildete sich selbst weiter. Er machte seine Karriere durch harte Arbeit, ohne Hilfe und Protektion. Ein Bauernjunge, der vielleicht darunter litt, daß er kein typischer Warschauer war. Er war hart, einsilbig, und vielleicht hatte er deswegen auch Komplexe; jedenfalls fand ich nur sehr schwer und sehr langsam ein persönliches Verhältnis zu ihm.

Meine Mutter stammte aus einer verarmten Gutsbesitzerfamilie, die noch zwei Generationen zuvor wohlsituiert und angesehen war. Aber ihre Generation mußte sich schon selbst ernähren und versuchen, eine eigene Existenz aufzubauen. Fünf Kinder hatte meine Großmutter mütterlicherseits mit ihrem Mann, einem Eisenbahner, einem kleinen Angestellten bei der „Eisenbahngesellschaft Warschau – Wien“. Sie selbst war Lehrerin (geboren um 1860), und das bedeutete am Ende des 19. Jahrhunderts schon etwas. Niemand aus der Familie und der engeren Verwandtschaft wurde reich, aber alle hatten ihre Existenz und gehörten zur neuen Mittelschicht in unserem Staat. Natürlich konnte meine Großmutter mit fünf Kindern ihren Beruf als Lehrerin nicht lange ausüben. Und so lebte die große Familie von dem kleinen Eisenbahnergehalt. Mein Großvater starb 1914, als meine Mutter 17 Jahre alt war. Aber meine Mutter besuchte nach dem Abitur die Handelsschule, war als Kontoristin, später als Buchhalterin und bis 1944 in der Verwaltung der Elektrizitätswerke der Stadt Warschau tätig.

Die Stadt meiner Träume

Warschau, das war die Stadt meiner Kindheit. Nicht das Warschau von heute, das Warschau, das 1939 durch Bomben zerstört und in und nach dem Warschauer Aufstand dem Erdboden gleichgemacht wurde. Es war das Warschau, in dem fast jeder dritte Einwohner Jude war. Markante Punkte waren nicht nur Kirchen, sondern auch Synagogen.

Es war die einzige Großstadt in Europa mit einer so großen Anzahl von Juden. Aber Warschau, schön gebaut im 17.–18. Jahrhundert, war im 19. Jahrhundert eine vernachlässigte Stadt. Es war ja nur eine Stadt am Rande des großen russischen Reiches. Die Russen nannten es Weichselland. Aber diese Stadt wurde zum Zufluchtsort vieler Menschen, vor allem aus den überbevölkerten Landgebieten. Sie wurde Verwaltungszentrum, zur Hauptstadt des Staates, mit Verwaltung und Industrie. Dieses Warschau blieb die einzige Millionenstadt in meinem Land, und sie spielte auch bald die Rolle, die alle Hauptstädte dieser Welt einnehmen.

Warschau war für Polen aber noch aus einem anderen Grund wichtig. Die Stadt wurde zum Symbol der Unabhängigkeit, zum Inbegriff der zentralen Macht der Regierung, die schon 1920 in der Schlacht an der Weichsel ihre Bewährungsprobe zu bestehen hatte. In diesem Kampf ging es um unser Überleben und um die Zukunft Europas. Es war ein Kampf gegen den atheistischen Kommunismus und den russischen Drang nach Westen. Die polnische Armee, die zum großen Teil aus Freiwilligen bestand, hat damals die polnischen Provinzen in Warschau verteidigt.

Es ist komisch, aber manchmal erinnert man sich an Einzelheiten, obwohl sie für die Geschichte gar nicht so wichtig sind. Immer wieder wurde mir als Kind erzählt, daß es zwei Diplomaten waren, die in diesem geschichtsträchtigen August 1920 in Warschau geblieben waren. Man hörte in der Stadt schon die russischen Kanonen. Die sowjetischen Truppen lagen 20 km vor Warschau. Zwei Diplomaten blieben da, alle anderen waren geflohen: der türkische Botschafter und der päpstliche Nuntius Achille Ratti, der spätere Papst Pius XI.

Das war der Grund, warum Pius XI. als Held galt, nachdem er kurze Zeit später (1922) Papst geworden war. Das war sicherlich ein bißchen übertrieben, aber damals dachten die Leute so, und es hieß immer auf der Straße: „Ja, Papst Pius XI., das war der Mann, der im schwierigsten Moment unseres nationalen Lebens bei uns blieb."

Ich wuchs an der Grenze zwischen dem polnischen und dem jüdischen Teil der Stadt auf. Keine 200 Meter von unserer Wohnung entfernt stand die Große Synagoge von Warschau. In die andere Richtung führt die Nalewki-Straße, die allen Juden in der ganzen Welt bekannte jüdische Zentralstraße. Das war der jüdische Broadway. Dort wohnte kein einziger Nicht-Jude. Es waren Wohnhäuser mit zwei, oft sogar drei Höfen und vier oder fünf Stockwerken. Riesige Wohnstätten mit Tausenden wimmelnden Juden im Kaftan – und am Sabbat auf den Straßen totale Leere. Am Sabbat war das eine tote Stadt. Wie Mea Shearim in Jerusalem heute.

Als ich später einmal nach Jerusalem kam, überfiel mich wieder die Erinnerung an Warschau als Judenstadt. Sie ist tot – und trotzdem in meinem Herzen lebendig. Der andere große Eindruck in meiner Kindheit ist das Gefängnis unweit unseres Hauses, Synagoge und Gefängnis, das hat mein Leben schon als Kind geprägt.

In der Zeit waren wir eigentlich schon etwas wohlhabender. Wir hatten eine Dienstmagd vom Land, die mich immer in den Garten führte, wenn meine Mutter im Büro war. Ich habe oft mit jüdischen Kindern gespielt. Die Kinder sprachen meistens Jiddisch. Ich habe Jiddisch als Kind auch verstanden, so wie heute Ausländerkinder in der Bundesrepublik sehr rasch die Sprache der einheimischen Kinder erlernen, schneller als ihre Eltern.

Als kleiner Junge habe ich immer wieder gehört: „Sei artig, Władysław, sei artig. Wenn du nicht artig bist, dann kommt der böse Bolschewik und wird dich holen." Nicht die Hexe oder der Teufel, sondern der Bolschewik war für mich also der Inbegriff alles Bösen in der Welt, denn wenn ich nicht artig bin, dann kommt er und holt mich.

Ich weiß, daß man den Kindern früher sehr viele Dummheiten erzählt hat, als eine Art Kinderschreck. Natürlich hat mir das nicht meine Mutter gesagt; sie war eine gebildete Dame, aber die Dienstmagd erzählte es, das einfache Mädchen vom Lande. Für sie waren die Bolschewisten grausam: Sie waren nicht katholisch, zudem noch gottlos.

Meine Mutter war in einem mehr traditionellen Sinn katholisch. Ich nehme nicht an, daß sie sehr tief gläubig war, aber auf religiöse Praxis legte sie großen Wert. Ich mußte abends immer kniend beten, und sie überwachte mich. Ich sollte mich nicht zu Bett begeben, ohne vorher zu beten, eben die kurzen Gebete, wie man sie Kinder überall lehrt. Sonntags ging ich mit meiner Mutter zur Heiligen Messe, und vielleicht war auch die religiöse Überzeugung meiner Mutter ausschlaggebend für die Entscheidung, daß ich eine katholische Privatschule besuchte.

Daß ich jetzt fließend Deutsch spreche, verdanke ich dieser Schule. Ich habe Deutsch nur in der Schule gelernt. Wir hatten Sprach- und Literaturunterricht. Wir lernten, daß das deutsche Volk tüchtig und fleißig ist, viel erreicht hat und mutig ist; wenn es aber um unseren Staat ging, dann wurde natürlich die preußische Politik – man denke an die Teilungen Polens 1772, 1793 und 1795 sowie an den Kulturkampf – eindeutig negativ beurteilt.

Natürlich hat das auch seine Spuren hinterlassen. Man darf nicht vergessen, daß noch Lehrer am Leben waren, die all dies persönlich erlebt hatten. Es waren meistens Leute, die zwischen 1880 und 1890 geboren waren. Unser Deutschlehrer war begeistert von der deutschen Kultur. Im August 1944 wurde er von der SS erschossen.

Ich habe mein Abitur über Lessings „Minna von Barnhelm" geschrieben. Wir haben alle wichtigen Standardwerke immer im Original gelesen. Die großen Namen der deutschen Literatur von Goethe bis Schiller, von Lessing bis Heine, das waren für uns mehr als Begriffe.

Wir hatten ja nicht nur negative Erfahrungen mit Deutschen gemacht. Deutsche waren als Soldaten von 1915–1918 im Ersten Weltkrieg in Warschau und hatten die verhaßten Russen verdrängt. Im übrigen hatte ja auch unser Staatsgründer, Marschall Piłsudski, mit den Mittelmächten, also mit Deutschland und Österreich, faktisch paktiert.

Etwas anderes war es dann schon, wenn wir mit Trauer auf die Situation der polnischen Minderheiten schauten, so zum Beispiel im Ermland oder auch die Minderheit im Raum Oppeln. Danzig betrachteten wir als historisch und politisch mit Polen verbunden. Aber wir waren der Meinung, daß es nicht schaden könne, wenn Danzig eine Freie Stadt bliebe. Danzig war eine Hansestadt, die Tradition der Selbstverwaltung war historisch gewachsen. Eine solche Stadt konnte schon existieren. Bis in die 30er Jahre hinein war die Frage des polnisch-deutschen Miteinanderlebens nicht sehr belastend. Wir hatten ja nach Versailles nichts im Westen, dafür aber alles im Osten verloren. Tausende von Familien lebten als Heimatvertriebene. Sie hatten Kiew, Minsk und andere Gebiete in Weiß-Rußland und der Ukraine verlassen, die bis zur polnischen Teilung jahrhundertelang Bestandteile unserer Krone gewesen waren. Man sprach damals also eher über die Gebiete im Osten als über die Gebiete im Westen.

Priester oder Schauspieler?

Das alles hat mich geprägt. Und als ich 15 oder 16 Jahre alt wurde, wollte ich Schauspieler oder Schriftsteller werden. In dieser Zeit dachte ich mehr an die Schauspielerei, mußte aber den Plan bald aufgeben, denn ich bekam Schwierigkeiten mit der Stimme. Dann hatte ich wieder den Wunsch, in den Jesuitenorden einzutreten. Jeden Sonntag war ich in der Jesuitenkirche und besuchte die Messe mit der längsten Predigt.

Ich las auch deutsche Bücher und die deutsche Presse. Nach dem Anschluß Österreichs im Jahre 1938 jedoch boykottierten alle anständigen Leute die deutsche Presse, die bei uns bis zur Rede Hitlers vom 28. April 1939 noch frei verkauft wurde.

Ich war im Mai 1939 der jüngste Abiturient in meiner Schulklasse, erst 17 Jahre und drei Monate alt. Groß, aber schmal, dünn, aber gesund. Ich war ein „Bücherwurm", beteiligte mich wenig am Sport und war dazu Brillenträger, sozusagen der typische „Intellektuelle". Bei uns war es seit 1938 Vorschrift, daß die Abiturienten gleich nach dem Abitur ihren verkürzten Wehrdienst von einem Jahr und sechs Wochen antraten. Dann erhielten sie Studienplätze.

Bei der Musterung merkten die Fachleute gleich, daß ich Brillenträger bin. Sie prüften das etwas oberflächlich und sagten: „Na mein Junge, ob du tauglich bist, wissen wir noch nicht. Du mußt zum Facharzt gehen". Sie gaben mir einen verschlossenen Umschlag und schickten mich zum Augenarzt. Ich war verzweifelt. Alle meine Mitschüler wollten in der Armee dienen, um Polen zu verteidigen. Wir wußten ja, daß wir bedroht waren. Ehe ich zum Augenarzt kam, ging ich zu einem Optiker und lernte die Tafel mit den Buchstaben auswendig. So schlau war ich schon. Der Arzt, jung und sympathisch, ein Leutnant in Uniform, fragte mich, ob ich in die Armee eintreten wolle.

„Ja, natürlich." – „Also, wir werden sehen."

Dann nahm er mir die Brille ab und zeigte auf die Tafel. Er sah bald, daß ich schwindelte. „Aber wenn du willst – ich werde dir nichts in den Weg legen." Ich war angenommen.

In dieser Zeit ging ich zu einem bekannten Jesuitenpater in Warschau. Ich wollte beichten. Er aber sagte, wir könnten auch miteinander sprechen. So fragte er mich nach meinen Plänen, meiner Lebensauffassung, meiner Familie und meinen Interessen. Abschließend sagte er: „Mein Lieber, gehe ein Jahr in die Armee. Wenn du dann deine Absicht noch immer nicht geändert hast, dann komm wieder zu mir, ich werde dich mit offenen Armen aufnehmen. Du bist jung, noch keine 18 Jahre alt und hast noch Zeit. Geh in die Armee. Es kann auch Krieg sein. Wir wissen nicht, ob wir überleben werden ..."

Den gleichen Jesuiten habe ich 1942 oder 1943 als Widerständler im Untergrund wiedergetroffen. Er erkannte mich sofort. Aber an das damalige Gespräch erinnerte er mich nicht mehr. Er war zufrieden, als er erfahren hatte, was ich machte. Später, im August 1944, ist er in Warschau zusammen mit mehr als 20 anderen Jesuiten von einer SS-Einheit ermordet worden.

Es war also eine Zeit der Suche. Ich wollte dienen. Zum Priestertum fühlte ich mich nicht richtig berufen. Ich wollte dienen, dabei aber auch eine gewisse Rolle spielen. Ich spürte, daß ich Einfluß auf die Menschen habe. Ein paarmal war ich in die Schülerselbstverwaltung gewählt worden. Aber Schauspieler konnte ich nicht werden, Politiker auch nicht. Was blieb also?

Menschen helfen

Von Mitte Juli bis Anfang August 1939 leistete ich einen vierwöchigen Pflichtdienst. Wir wurden bei einer Überschwemmungskatastrophe an der Warthe eingesetzt.

Das war eine wichtige Erfahrung in meinem Leben. Wir lebten in einem Lager auf dem Lande, in Zelten und Baracken, marschierten täglich ein paar Kilometer lang, meist mit dem Spaten; es gab auch Ausbildung an der Waffe. Aber unsere Hauptaufgabe bestand darin, der Bevölkerung zu helfen. Zum ersten Mal in meinem Leben traf ich andere junge Leute, junge Menschen, die kein Abitur gemacht hatten, sondern sich nach der Volksschule entschieden, die Unteroffiziersschule zu besuchen; sie waren auch bei unserer Einheit dabei, wurden bei Katastrophen und beim Bau von Straßen eingesetzt. Sie hatten sich schon mit 15 Jahren gemeldet, gingen dann bis 18 in die Schule, erlernten einen Beruf und verdienten schon Geld. Meistens waren sie Bauernsöhne aus ganz armseligen Verhältnissen. Sie haben viel gegessen, waren zufrieden und lebenslustig. In einem großen Saal habe ich dann zum ersten Mal mit diesen ganz anderen Menschen aus unserem Volk zusammengelebt. Ich hatte gelernt, daß man mit diesen Menschen ein bißchen anders reden muß. Sie sind sehr gute Kameraden, man muß sich nur gegenseitig achten. In dieser Zeit wurde das Land zweimal überschwemmt. Wir wurden in der Nacht geweckt, um Menschen zu retten. Mit 600 jungen Leuten brachen wir auf. Eine Gruppe versuchte, mit Sandsäcken den Damm in einem gewaltigen Tempo zu reparieren. Andere kümmerten sich um die Bevölkerung. Wir arbeiteten fast pausenlos, drei bis vier Tage. Eine Feldküche brachte uns Eintopf, und wir schliefen an der Stelle, wo wir arbeiteten, wurden nach zwei bis drei Stunden geweckt – und gingen wieder an die Arbeit.

Zum ersten Mal lernte ich, direkt schwer betroffenen und bedrohten Menschen zu helfen. Ich habe Kinder getragen, ältere Menschen getröstet. Ich raffte Gras, Äste und Erde zusammen, um das Wasser aufzuhalten. Am Ende war ich total erschöpft. Dann bekamen wir einen freien Tag. Ich erinnere mich gut, daß ich 20 Stunden lang geschlafen habe. Wir kehrten nach Hause zurück. In zwei Wochen sollte schon Krieg sein. Es war vorgesehen, daß ich am 20. September in Modlin meinen Dienst bei einer Panzereinheit antreten sollte. Dazu kam es nicht, denn am 1. September fielen die ersten Bomben auf Warschau.

Wir hatten in Warschau schon seit ein paar Tagen für die Verteidigung Gräben ausgehoben, Vorrichtungen gegen Bomben, zum Schutz der Zivilbevölkerung. Die Menschen halfen freiwillig mit, angeleitet von Pionierkompanien. Das Leben in Warschau ging normal weiter. Theater, Kinos und Restaurants hatten geöffnet. Wir alle arbeiteten, auch die Frauen, auch die Ordensschwestern, auch die orthodoxen Juden, alle. Es war aber mehr, fast wie im Theater, Spielerei. Aber viele Reserveoffiziere waren schon eingezogen. Sie wußten, was uns erwartete.

„Mama, das sind doch Übungen"

Der Zweite Weltkrieg:
Wie die ersten Menschen im Schlaf starben

1. September 1939. Ich hatte Ferien und konnte ausschlafen. Meine Mutter, die sehr früh zur Arbeit ging, weckte mich morgens und sagte: „Es donnert etwas. Man kann es hören. Steh auf!" Ich entgegnete: „Mama, das sind doch Übungen. Laß mich in Ruhe. Ich habe doch Ferien." Aber sie sagte: „Siehst Du nicht diese kleinen Wölkchen von den Abschüssen der Artillerie? Das ist polnische Flak-Artillerie ..."

Und dann hörten wir schon über den Rundfunk den Aufruf des Staatspräsidenten. Es war Krieg. Warschau war noch vor dem Aufruf bombardiert worden. Tausende von Leuten kamen zusammen, um die zerstörten Häuser zu besichtigen. Wir Warschauer sind von Natur aus neugierig.

So waren also die Leute gefallen, im Schlaf, in ihren Häusern. Luftschutzdienst und Verdunkelung waren die ersten Maßnahmen. Und in den nächsten Tagen, alle paar Stunden, kamen die Flugzeuge und luden ihre Bomben über Warschau ab. Es waren kleinere Luftangriffe, mehr Aufklärung als Bombardierung, wenigstens zu Beginn. Das weiß ich jetzt aus den Kriegsberichten. Aber damals hatten wir doch Angst. Wir waren ja praktisch gefangen. Ich versuchte, mich beim Militär anzumelden. Vor dem Gebäude standen schon Tausende junger Leute, die schon gedient hatten. Die anderen konnten sie nicht mehr nehmen. Es kamen die ersten Flüchtlinge in die Stadt, die Flüchtlingstrecks, auch die Soldaten aus den zerschlagenen Armeen, vermischt mit Zivilisten, Bauernfamilien, die aus beschossenen Dörfern und verbrannten Häusern geflohen waren. Zehntausende von Menschen in jeder Woche. Zahlenmäßig hatte sich nicht viel geändert, denn auch Zehntausende waren eingezogen worden, standen im Feld. Hilfskomitees wurden gegründet, kirchliche, staatliche oder von der Gemeinde aus.

Die gute Nachricht

Am 3. September 1939 gab es bei uns in Warschau eine Art Siegesrausch aufgrund der Kriegserklärungen Englands und Frankreichs. Ich war in der Kirche. Es war etwa 12.30 Uhr, der Priester predigte. Plötzlich kam ein Bote mit einem Zettel, und der Priester sagte: „Ich unterbreche jetzt meine Predigt, denn ich muß eine gute Nachricht verlesen. Wir sind nicht allein, Großbritannien ist in den Krieg eingetreten für unser Land."

Er stimmte das „Te Deum laudamus" an. Alle Menschen in der Kirche weinten. Dann haben wir die Kirche verlassen. Mehrere Zehntausend, eine riesige Menschenmenge, zogen durch die Straße zur britischen Botschaft und zeigten so ihre Freude. Der britische Botschafter stand mit dem polnischen Außenminister auf dem Balkon. Und dann kam die gleiche Nachricht von Frankreich, und das Ganze wiederholte sich am Nachmittag vor der französischen Botschaft in Warschau. Wir schöpften Hoffnung und dachten, wir würden in ein paar Tagen in Berlin sein. „Wir haben ja auch unsere Ansprüche", sagten die Extremisten; „Schließlich waren das vor dem Jahr 1000 unsere Gebiete; Hinterpommern, Niederschlesien, polnische Siedlungen bis Berlin." Halbverrückte Träumer und Spinner aus verschiedenen Lagern haben die deutsche Propaganda sehr geschickt ausgespielt. Man hat diese Flugblätter, Broschüren und Plakate in Deutschland als Beweis für die polnische Aggressionslust nachgedruckt. Verschwiegen wurde natürlich, daß dies alles erst in dem Moment erschienen war, in dem die Deutschen den Nicht-Angriffspakt aufgekündigt und uns als Angriffsziel bezeichnet hatten. Das paßte dann nachher so gut auf die Berichte von Überfällen auf Deutsche, auf die Propaganda vom „Bromberger Blutsonntag" u.a. Es war ein großes Unglück für uns, wenn ich an die gemischten Ehen zwischen Deutschen und Polen und an ihre Familien denke. Wir hatten im Laufe der Generationen Hunderttausende solcher gemischter Familien. Das Problem aber waren die Leute mit „doppelter Gesinnung": Sie wußten nicht, wo sie hingehörten. Die deutsche Minderheit lebte bis 1939 relativ gut in Polen. Sie war gutsituiert, fleißig, tüchtig und hatte Erfolg. Keine Arbeitslosen, keine Hungrigen, keine Randelemente, kaum Kriminelle. Die Deutschen waren gute Bauern, Handwerker, Beamte, Lehrer, Ärzte. In Lodz und Oberschlesien kamen dazu noch Industrielle. Auch die deutsche Sozialdemokratie gab es in Polen. Die Sozialdemokraten wurden erst unterdrückt, als die Nazis kamen.

Krieg vor meiner Haustür

Die Regierung verließ Warschau am 6. September 1939, die Ministerien und andere Ämter wurden geräumt, denn Warschau war schon bedroht. Es wurden Barrikaden in den Vorstädten gebaut. Immer wieder wurden die Sendungen unterbrochen, die Bevölkerung aufgerufen, sich zum Barrikadenbau zu melden. Am 6./7. September kamen polnische Soldaten und baten uns, die damalige Wohnung am Flugplatz zu verlassen. „Hier wird bald Kampfgebiet sein. Entschuldigen Sie, nehmen Sie mit, was Sie können. Wir können nicht helfen. Wir können auch für die Wohnung nicht garantieren."

„Sollen wir den Schlüssel mitnehmen?"

„Nein, es wird nichts gestohlen. Im Notfall müssen wir sowieso die Türen öffnen ..."

Wir haben alles verlassen. Mit zwei Koffern zog ich ins Stadtzentrum zu Bekannten. Am 8. September tauchten dann auch die ersten deutschen Panzer auf. Knapp vor unserem Haus war das erste Gefecht. Am 9. September war schon Generalangriff in Richtung Wola und vom Süden her. Ich eilte zur Einsatzstelle, aber von den Tausenden wurden nur 600 angenommen, die anderen kehrten zurück. Dennoch wollte ich etwas tun und meldete mich daher für den Dienst im Krankenhaus.

Sekunden zwischen Tod und Ewigkeit

Ein paar Mal täglich wurde die Stadt bombardiert. Wir liefen als Helfer immer in die Richtung der Angriffe, gruben die Verwundeten ringsum aus, nahmen sie auf eine Bahre und trugen sie ins Hospital. Ein älterer Herr, er hätte mein Vater sein können, trug mit mir eine Frau auf einer Bahre. Sie war am Unterleib verwundet. Auf offenem Feld gab es keinen Schutz, keine Häuser, nur

Mauern. Und immer wieder kamen Angriffe der Luftwaffe. Bordwaffen. Wir waren lebende Ziele. Wenn wir uns bewegten, hörten wir schon die Abschüsse.

Plötzlich war ich mit der Bahre allein auf dem großen leeren Feld, vor mir eine Mauer. Dann kam die Maschine immer tiefer. Und es wurde geschossen. Wir legten uns nieder, vor und hinter der Bahre. Diese paar Sekunden werde ich nie in meinem Leben vergessen, als aus einem Meter Höhe die Maschine über uns hinwegschoß und die Bordwaffen tackerten. Ich bin ein paar Mal später dort gewesen und habe die Einschüsse an der Mauer gesehen.

Das sind Sekunden zwischen Tod und Ewigkeit. Ich war wie zusammengebrochen, denn als wir aufstanden, war die Frau tot, die wir mit dem Aufwand von soviel Kraft über drei oder vier Kilometer getragen hatten – dabei waren wir kaum 500 Meter von unserem Ziel entfernt, dem Krankenhaus, das vielleicht die Rettung für sie gewesen wäre.

Das war am 25. September 1939. Der Krieg war schon entschieden. Ein paar Stunden täglich trug ich die Verwundeten. Und dann stand auch das Krankenhaus in Flammen. Wir holten die Menschen aus den Krankensälen, betteten sie unter freiem Himmel auf den Rasen. Es war noch Sommer. Aber die Brandbomben fielen auf den Rasen, und ich sah, wie die Menschen, Frauen, Männer, Junge, Alte, Kinder, auf diesem riesigen Vorplatz wie Fackeln verbrannten, schreiend und weinend, andere ohnmächtig still. Brandbomben wie Lichter am Weihnachtsbaum. Lebende Menschen, lebende Fackeln, bei lebendigem Leib verbrannt. Damals habe ich die ersten Toten gesehen.

Das alles dauerte bis zum Ende der Belagerung der Stadt. Am 27. September war Waffenstillstand, am 28. Übergabe Warschaus, Kapitulation. In der Nacht vom 30. September auf den 1. Oktober kamen die ersten deutschen Truppen. Bei der Siegesparade Hitlers am 5. Oktober blieben die meisten zu Hause. Es waren nur ein paar hundert Deutsche da. Es war schwer, in Warschau Deutsche aufzutreiben. Meistens waren es keine überzeugten, sondern solche, die sich sofort gemeldet hatten und sich davon einen Vorteil erhofften. Und dann fing die Besatzungszeit an, ein neues Kapitel.

„Große Nase, Brille, also Jude …“

Die Juden werden registriert und diskriminiert

Bevor Hitler in Warschau seine Parade abhielt, mußten die Barrikaden und Straßensperren geräumt werden. Sie waren zum Teil fast zwei Stockwerke hoch, mit Fallen und Gräben. Auf der Straße wurden die Menschen einfach angehalten und dazu abkommandiert, die Sperren abzubauen. „Komm, komm, versuch es doch“, sagten die deutschen Soldaten. Und ich merkte, daß für solche Arbeiten vor allem Juden herangezogen wurden. Wer also irgendwie nach Jude aussah, wurde sofort geholt. „Komm, Jude komm.“

Weil ich eine große Nase habe, wurde auch ich für einen Juden gehalten. Große Nase, etwas abgemagert, Brille, also Jude. Und ein Unteroffizier sagte: „Komm Jude, hilf mit.“ Da stand ein junger Mann, der auch kein Jude war. Er ging zum deutschen Unteroffizier und zeigte ihm eine Medaille mit der Muttergottes. „Bitte, sehen Sie, ich bin kein Jude – sondern Katholik.“ Er wurde entlassen.

Ich war tief beschämt, weil jemand das Zeichen der Liebe Gottes, das Muttergottesbild, ausgenutzt hatte, um sich freizukaufen. Ich war nie sehr fromm gewesen, zumindest nicht in einem traditionellen Sinn, aber Gott existierte für mich. Für mich war die Nächstenliebe wichtig, das Evangelium, die Bergpredigt. Das war die Grundsubstanz meines Glaubens. Ich bin dann bewußt und mit Absicht geblieben. An dieser kleinen Begebenheit ging mir auf, was passieren würde, und dachte: Um Gottes Willen, das sind doch Schweine, diese Leute. Sie fangen schon an, sich von den Juden zu distanzieren. Sie meinen, sie seien besser, weil sie die jüdische Muttergottes, die Mutter Jesu, die Miriam von Nazareth verehren. Das ist eine Kleinigkeit, aber ich ahnte von diesem Augenblick an, wie die meisten Menschen reagieren würden. Es war eine Situation, in der es noch keine deutsche Polizei gab, in der es sehr locker zuging, in der man bis drei Stunden arbeiten und sich dann heimlich entfernen konnte.

Ich habe den Philosemitismus immer für unannehmbar gehalten. Man darf die Leute nicht nach der Herkunft aussortieren, ganz egal, woher sie kommen. Weil ich Pole bin, kenne ich viele unangenehme Leute bei uns. Aber ich bin mit meinem Land verbunden. Ich wähle meine Kontakte aus. Ich kenne Leute, die ich mag, die ich sogar liebe, und ich kenne Leute, wenn auch nicht viele, die in meinem Leben unerwünscht wären. In diesem Sinne finde ich eine sehr philosemitische Einstellung heuchlerisch. Ich kenne verschiedene Juden, die negative Eigenschaften haben. Aber diese verbinde ich nicht mit ihrer Herkunft, sondern mit ihrer Person, mit ihrem Lebenslauf. Weil aber viele Juden in der Minderheit in einer psychologisch schweren Situation lebten, standen sie auch unter größerem Druck. Antisemitismus gab es vor allem in den Kleinstädten, vor allem aus wirtschaftlichen Gründen. Christen und Juden standen als Inhaber von Geschäften im Konkurrenzkampf und wurden von ihren jeweiligen Glaubensgemeinschaften oder in Einzelfällen auch vom Ausland her unterstützt. Auf dem Lande lebten wenige Juden, aber auch hier spielte der religiöse Antisemitismus eine gewisse Rolle.

Türke oder Jude – zahlungsfähig muß er sein

„Es kann ein Türke sein, es kann ein Jude sein, er muß zahlungsfähig sein. Wer zahlungsfähig ist", so sagte mein Vater als Bankbeamter, „ist ein ehrlicher Mensch. Er ist für mich ein Partner." So hatte er Verbindungen zu jüdischen Banken und jüdische Freunde, mit denen er Münzen und Briefmarken tauschte. Er war in europäischen Ländern als Numismatiker bekannt, außerdem Experte für Fälschungen, erstellte Gutachten und reiste zu diesem Zweck sogar ins Ausland. Am Ende gelangte er, der ehemalige Bauernjunge, in die Bank von Polen. Er schätzte auch die Juden, die viel erreicht hatten. Für ihn waren es brave Leute, die tüchtig und fleißig waren.

Sie imponierten ihm. Er war kein Freund großer Worte. Hier

haben wir uns getroffen; er hatte keine Vorurteile. Es kann sein, daß er Vorurteile von zu Hause mitgebracht hatte, aber in diesem Punkt war er anders. Wenn dann diese Juden zu meinem Vater kamen, um Briefmarken, Münzen und Geldscheine zu tauschen, da waren sie eben unsere Gäste.

Jesus ermordet

Ich glaube, meine Mutter war durch ihre bürgerliche Erziehung vorgeprägt; sie hatte auch Vorurteile, die in der Kirche und im Religionsunterricht entstanden waren. So in dem Sinne: „Die Juden haben unseren Jesus ermordet." Das habe ich von meiner Mutter schon gehört. Sie hatte aber auch sehr gute jüdische Freundinnen, die uns oft besucht haben. Und ich habe ihre Häuser mit meiner Mutter zusammen als Kind besucht und dort gespielt. Das war alles ganz normal. Aber immer hat meine Mutter mich darauf aufmerksam gemacht, daß ich keine religiösen Probleme im Gespräch berühren soll, daß die Juden andersgläubig sind.

Als es zu antisemitischen Ausschreitungen an der Universität kam und in meiner Schulklasse antisemitische Äußerungen fielen, fragte ich meine Mitschüler und Kollegen, ob sie denn einen Juden kennen würden. Die Antwort war immer die gleiche: „Nein, wieso? Ich habe keine Verbindungen." So glaube ich, daß ich in meiner Schulklasse der einzige war, der jüdische Familien und Häuser besucht hat, der als Kind schon normal mit jüdischen Kindern spielte. Mein Vater war der Meinung, die Juden hätten Verschiedenes in der Geschichte verschuldet, aber das gehe ihn nichts an. Das waren für ihn Menschen, und er war Bankbeamter, Finanzexperte. Für ihn waren die Antisemiten Dummköpfe, Wirrköpfe, Faschisten, extreme Elemente, Trottel, die in ihrer Zeit nichts Besseres zu tun hatten.

Im Getto

Es war im Alltag gar nicht so leicht, Juden als Bekannte zu gewinnen, denn sie wohnten ja isoliert von uns Polen. Unsere bekannten Juden hatten sich schon aus der Tradition gelöst. Sie kamen weder mit dem Hut auf dem Kopf in die Wohnung, noch trugen sie Kaftane bis zu den Knöcheln. Sie waren ganz normale Bürger – wie der deutsche oder der französische Jude zur damaligen Zeit. Es gab in der Stadt Warschau mehrere tausend Juden in freien Berufen, Anwälte, Ärzte, Ingenieure, Journalisten, Schriftsteller, Schauspieler. Und dann noch mehr als 300 000 streng konservative. Die meisten von ihnen lebten völlig unter sich, in einer Art Getto. In einem Stadtteil hätte kein jüdischer Hausbesitzer einem Christen, egal, ob Pole, Deutscher oder Tscheche, eine Wohnung gegeben. Unmöglich. Prinzipiell nicht. Gleichzeitig aber kenne ich keinen polnischen Hausbesitzer, der bis 1939 seine Wohnung nicht an einen Juden vermietet hätte.

Einen Fremden unter sich zu haben, das ist für den frommen Juden eben Sünde. Sie haben eben ihre eigenen Sitten, sie leben in einer Gemeinde. Ein Haus ist eine Gemeinde. Warum soll ich da einen Fremden hereinnehmen? In dem Sinne haben sie selbst ihr Getto gebaut. Dieses Getto-Gebiet brauchte unter der Okkupation im Kriege nur etwas vergrößert zu werden. Dann wurden die anderen Juden in dieses Getto ausgesiedelt, aus anderen Stadtteilen, die Juden, die zum überwiegenden Teil schon polonisiert waren. Selbstverständlich hat ein bekannter Rechtsanwalt oder Arzt nicht in diesem Viertel oder Getto gewohnt, aber dort wohnte der typische Jude, da, wo heute das Gettodenkmal steht.

Noch ein paar Monate überleben ...

Warschau war vor dem Krieg als Stadt ziemlich angenehm. Die Stadt hatte 1,3 Millionen Einwohner. Wir waren lustig, gastfreundlich, hatten Sinn für Humor. Mein Leben wäre unter normalen Umständen anders verlaufen. Meine Familie konnte es sich leisten, mich studieren und ein glückliches und ruhiges Leben führen zu lassen.

Die Universitäten waren schon geschlossen. Im November 1939 wurde ein großer Teil der Krakauer Professoren verhaftet, viele von ihnen sind bald im KZ gestorben. Das war eine ganz ernstzunehmende Warnung, daß es in Zukunft keine Chance geben würde, legal zu studieren. Ich war damals der Meinung, im

Jahre 1940, im Frühjahr oder im Sommer, würde der Krieg beendet sein. Daß die Franzosen und die Engländer die Deutschen schlagen würden, war für uns eine Selbstverständlichkeit. Wir mußten also nur noch ein paar Monate überleben. Dann würde man wieder leben können.

Ich wollte wieder etwas tun und versuchte, meiner Familie zu helfen. Wir waren als Beamtenfamilie empfindlich betroffen. Das Gehalt blieb auf der Höhe der Vorkriegszeit, aber das Geld war zum Teil 30mal weniger wert. Der Lohn meiner Mutter aus ihrer Arbeit als Buchhalterin im Elektrizitätswerk Warschau reichte gerade drei oder vier Tage zum Leben. Wir bekamen zwar von der Stadtverwaltung eine kleine Zulage, ein paar Kilo Lebensmittel. Man verkaufte gebrauchte Sachen oder ein wenig Gold und Schmuck, aber das reichte für ein paar Monate – und zudem nur für ein sehr elendes Leben. Und was sollte man nachher tun? Aber was konnte ich machen? Ich war zwar nicht dumm, hatte aber zwei linke Hände und war technisch total unbegabt. Für mich blieb also nur der Schwarzmarkt.

Warschau erlebte einen harten Winter von 1939 bis 1940. Zehn Prozent der Häuser lagen in Trümmern. Es gab 20000 Tote, 50000 Verwundete, viele Menschen waren krank. Der Mangel an Brennstoff, vor allem an Kohle und Holz, machte sich bemerkbar. Die Fenster waren ohne Glas. Die Zentralheizungen wurden durch kleine Öfchen ersetzt. Der Strom fiel immer wieder aus. Die ersten Karbidlampen kamen auf den Markt. Meine Mutter und ich zogen in ein jüdisches Haus um, in einem halbjüdischen Stadtviertel, wo Arbeiter und Juden gemischt wohnten. Ein Kollege meiner Mutter, der dort eine 2-Zimmer-Wohnung hatte, bot uns ein Zimmer an. Ich wohnte bei fremden Menschen. Wir benutzten zusammen die Küche, das Badezimmer und die Toilette. Der Wohnungsinhaber hatte gute Verbindungen zu Juden, arbeitete mit ihnen auf dem Schwarzmarkt zusammen, und einer dieser Juden fragte mich: „Herr Bartoszewski, wir müssen schon diese Sterne tragen, wir sind verfolgt in der Stadt und werden geprügelt oder beraubt, können Sie mir nicht in meinem Geschäft helfen?" „Haben Sie ein Geschäft?", sagte ich. „Nein, ein Geschäft habe ich eigentlich nicht, das ist schon geschlossen, aber ich habe zu Hause verschiedene Artikel, wären Sie nicht bereit, etwas davon zu verkaufen, ich würde Ihnen Prozente geben."

Ich setzte mich mit einem Koffer auf die Straße, Koffer mit Damenwäsche, weil dieser Jude gerade Damenwäsche hatte. Ich wagte nicht, die Passanten, die Frauen anzusprechen, die an mir vorbeigingen, ich wußte einfach nicht, wie man das macht. Aber manche sahen, daß ich noch jung und unbeholfen war. Sie fragten mich, was ich denn verkaufen würde, und ich meinte: „Ja, bitte schön, schauen Sie." – Und ich trug so zum Lebensunterhalt bei.

Die Juden konnten damals ihr Getto noch verlassen. Sie trugen nur die Armbinden mit dem Davidstern. Aber es gab schon gewisse Straßen und Anlagen, die Juden nicht mehr betreten durften.

Mein Vater war voller Zorn auf die deutsche Besatzung. Er sagte, für diese Schurken werde er nicht mehr arbeiten. Er hatte Glück. Die Bank von Polen hatte Wohnhäuser für die Angestellten, die jemand verwalten mußte. Mein Vater war für die wirtschaftlichen Probleme zuständig. Er genoß das Vertrauen der polnischen Seite und, bedingt, auch das der deutschen. Der Leiter war ein Sudetendeutscher, relativ gut gesinnt, kein grober Mensch, mit Verständnis für die Probleme der Bankbeamten und mit Respekt für die Fachleute. Man konnte alles mit ihm besprechen, was irgendwie mit dem Beruf zu tun hatte.

Das Getto war schon wochenlang geschlossen, der Eintritt aber erst seit dem 1. November 1940 verboten. Mein Vater tätigte inzwischen verschiedene Geschäfte mit einem jüdischen Bekannten. Er hatte einen alten Partner, der bis zum Kriege ein Kunstantiquariat geführt hatte. Er hieß Weinstock. Da er Angst hatte, seine Wohnung zu verlassen, lebte er zurückgezogen mit seiner Frau und einem etwa 15jährigen Jungen. Mein Vater sagte immer zu mir: „Mein Lieber, du hast nicht viel zu tun, du sollst Herrn Weinstock helfen." Ich holte als verschiedene Sachen bei Weinstock ab und brachte sie meinem Vater. Mein Vater verkaufte die Gegenstände, und ich brachte das Geld in die jüdische Wohnung zurück.

Dann spielte ich verschiedene andere Rollen, übermittelte Nachrichten und hielt den Kontakt zu anderen Juden aufrecht.

Danach wurde das Warschauer Getto geschlossen, und mein Vater wollte den Menschen helfen. Das Wichtigste war die Kommunikation nach außen hin, um etwas kaufen und verkaufen zu können.

Denn am Anfang hatten viele Juden noch etwas Geld. Weinstock schlug meinem Vater vor, für die Bank eine jüdische Arbeitsgruppe zu bilden. Mein Vater wandte sich an seinen deutschen Vorgesetzten und forderte die Juden für die Bank an, für die Inventur, um Schränke und Möbel zu tragen oder sauberzumachen. Man brauchte jüdische Arbeiter. Die Deutschen hatten es gern, wenn Polen jüdische Arbeiter anforderten. Das war aber auch die einzige Möglichkeit, Hilfe zu leisten und in Kontakt mit den Menschen zu kommen. Weinstock hat jüdische Polizisten bestochen und hat diese Gruppe gebildet. Die Juden kamen mit deutschen Wächtern in die Bank. Die Wachleute blieben aber bald am Telefon beim Empfang sitzen, bekamen Schnaps, redeten und tranken. In dieser Zeit waren die Juden den ganzen Tag lang bedingt frei. Sie bekamen die gleichen Mahlzeiten wie die Beamten. Arbeit war immer da, wie mein Vater behauptete. Er hat sich immer beschwert: „Es gibt soviel Arbeit, gibt es keine Juden mehr?“ Und der deutsche technische Direktor hat einfach unterschrieben. „ Ja, wenn Sie behaupten, Sie brauchen jemanden, schicken Sie doch der Polizei eine Anforderung.“ Die Juden sind täglich gekommen, wurden nicht geprügelt. Sie saßen in warmen Zimmern. Sie standen nicht unter Druck. Aber plötzlich war das Getto geschlossen. Sie sagten: „Nein, Sie bekommen keine Juden mehr, Schluß.“ Die Todeszüge nach Auschwitz und zu anderen Konzentrationslagern warteten schon.

Beim Roten Kreuz

Damals waren wir schon aus dem ehemaligen jüdischen Viertel ausgezogen und hatten eine größere Zwei-Zimmer-Wohnung gemietet, in der Meinung, es wäre für Jahre. Meine Mutter arbeitete weiter im Elektrizitätswerk. Es gab schon die ersten Aufrufe an die Polen, sich zur Arbeit registrieren zu lassen. Das galt für alle Polen von 18 bis 60 Jahren. Im Februar 1940 war ich 18 geworden. Mein Vater meinte: „Weißt du, Władek, wenn du keine Stelle hast, wird dich das deutsche Arbeitsamt ins Reich schicken oder hier in die Industrie. Willst du hier in der Industrie für die Deutschen arbeiten, für den Krieg? Es ist besser, du tust etwas für die Menschen." Und so erfuhr ich, was ich bisher nicht gewußt hatte, daß mein Vater schon vor dem Kriege im Roten Kreuz gearbeitet hatte. Ehrenamtlich. „Ja", sagte mein Vater, „ich kann dir helfen. Ich bringe dich zum Roten Kreuz. Jedenfalls kann ich dir schon helfen, eine bescheidene Stelle zu finden. Vielleicht wirst du dort selbständig werden." Er fand Ende Mai 1940 einen Arbeitsplatz für mich: eine von vielen Hilfsstellen des Roten Kreuzes, mit sehr wenig Personal, einer Ärztin oder einem Arzt oder einer ausgebildeten Krankenschwester. Drei oder vier Zimmer in verschiedenen Ortsteilen der Stadt. Jeder konnte kommen und für einen Złoty behandelt werden. Wenn er diesen einen Złoty nicht hatte, dann auch umsonst. Ich war Hilfsassistent, Verwalter und Laufbursche, alles in einer Person. Ich hatte einen Ausweis des Roten Kreuzes, bekam 130 Złoty, damals nicht viel. 2 Kilo Butter oder Speck erhielt man immerhin.

Ein großer Schock war für uns die Niederlage Frankreichs, der Waffenstillstand, der Fall von Paris: unsere polnische Armee in Frankreich geschlagen, teilweise in die Schweiz und teilweise nach England gegangen, die lange Nacht vor uns. In diesem Moment mußte man sich umstellen, geheime Organisationen gründen, eine geheime Kultur, geheime Universitäten, geheime Zeitungen. Wir wußten, daß der Krieg noch lange dauern würde.

Langsam, unter dem Druck des Terrors, erhielt der polnische Untergrundstaat in den kommenden Jahren Funktionen eines normalen Staates. Wir waren von den Alliierten anerkannt; vom Vatikan, auch von neutralen Staaten, mit nur wenigen Ausnahmen. Es gab eine richtige Regierung mit allen Vollmachten, mit einem Oberkommando der Armee. Alle haben dort mitgearbeitet, wenn es nicht gerade Extremisten oder eine kleine verschwindende Minderheit wie die Kommunisten waren. Es war gleichzeitig unsere Regierung für die Zukunft, obwohl wir die Zukunft noch gar nicht sahen. Das wirkte auch sehr hoffnungsvoll auf die Menschen, denn sie haben gewußt: Meine Regierung steht hinter mir, sie hat mich beauftragt. – Ich werde zwar keinen Lohn bekommen, aber in der Zukunft vielleicht doch eine Auszeichnung, ein Dankeschön oder ein Diplom. Aber jetzt bin ich polnischer Bürger, mit der Verpflichtung, alles zu tun, was ich irgendwie kann.

Wir hatten auch bald eine eigene Gerichtsbarkeit. Sie betraf nur polnische Bürger. Wer auf die andere Seite, auf die Seite des Feindes überlief, konnte mit dem Tode bestraft werden. Besonders dann, wenn jemand zum Beispiel Reserveoffizier oder Unteroffizier war. Das war für uns ganz einfach ein Verräter. Der Staat war okkupiert, war rechtswidrig besetzt worden; er existierte trotzdem und war anerkannt. Wenn ein Gestapomann erschossen wurde, brauchten wir kein Urteil. Für uns war ja Krieg. Wir verteidigten uns und unsere Familien. Wenn auch nicht an der Front. Wer die Juden bespitzelte, wurde ebenfalls bestraft. Aber bei denen, die wir verfolgen mußten, gingen wir ganz juristisch vor, mit Berufsrichtern, Anwälten und Staatsanwälten. Das waren alles Fachleute. Nur hatten wir keine Fach-Henker. Wo die Schuld erwiesen war, wurde der einzelne beobachtet, geholt und dann rasch exekutiert.

„In die Freiheit – nur durch den Kamin"

Im Lager Auschwitz:
Wie die Angst Menschen erniedrigt

Am 19. September 1940, einem ganz gewöhnlichen Arbeitstag, wurde ich von Herren in „eisernen Melonen", wie wir die deutschen Stahlhelme damals nannten, geweckt. Meine Mutter hatte die Türe schon geöffnet, und ich stand dahinter.

„Ihr Name?"

„Bartoszewski. Angestellter beim Roten Kreuz."

„Mitkommen."

Ich zog mich an, wollte etwas erklären. Es war jedoch nichts zu machen. Wir waren umstellt. Es ging nicht nur um mich. 30 Mann wurden in den Hof geführt. Alle, die keinen deutschen Ausweis hatten.

Ein Maschinengewehr auf dem Schreibtisch

Einzelheiten erfuhr ich erst später. Die Razzia richtete sich gegen die Intelligenz. An diesem Tag wurden rund 2000 Menschen festgenommen. Wir fuhren in Lastwagen durch die Stadt. Eben gingen die ersten zur Arbeit. Mitleidig sahen meine Landsleute unserer Kolonne nach. Aber das war alles nicht so schlimm, was sollte noch kommen ...!

In der SS-Kaserne wurden wir abgeladen und in eine riesige Halle gebracht. Eine Halle, in der im Winter die Reiter und Militärpferde trainiert werden. Sand, vermischt mit Pferdeäpfeln. Wir mußten uns auf diesen Schmutz legen, ganz dicht aneinander, ganz dicht an den Boden gepreßt. Es gab keine freie Stelle. Wir lagen wie die Heringe in der Dose. Einige hatten Gepäckstücke dabei, einen Koffer, einen Rucksack, eine Tasche.

Ein SS-Unteroffizier saß an einem Schreibtisch in dieser Halle und hatte dort ein Maschinengewehr aufgestellt. Von Zeit zu Zeit schoß er damit in die Decke, um uns Angst einzujagen. In die Halle hinein, über unsere Köpfe dicht hinweg. Sonst geschah nichts. Aber manchmal brüllte er auch, schrie er.

Dann wurden wir zu 50 und 100 Mann in eine andere Halle geführt, in einer langen Schlange, so wie man heute zu einem Flugzeug geht. Wir wurden abgefertigt.

„Beruf?"

„Ja, Angestellter des Roten Kreuzes."

„Also arbeitslos, Name, Vorname."

Kurze Angaben, also arbeitslos, ein Randelement, ein Asozialer. So schnell ging das.

Schon war ich wieder draußen. Es gab später keine Hausdurchsuchung, keine Vernehmung. Es war ein warmer Tag in diesem September, zu heiß für diese Jahreszeit. Sie brachten uns Eimer mit Wasser. Wir durften nur auf Händen und Füßen zu diesen Eimern kriechen und vom Rand trinken. Später wurde wahllos Brot in die Menge geworfen, Brot wie Steine. Wir haben uns das Brot geteilt. In der Kaserne blieben wir bis zum 21. September.

Arbeit macht frei

In der Nacht wurden wir in Gruppen zu 50 Mann zusammengestellt und nach Beginn der Polizeistunde durch die Straßen Warschaus zu einer Rampe gebracht, zu einem Güterbahnhof. Je 50 oder 60 Mann kamen in einen Viehwaggon. Es gab weder einen Kübel für die Notdurft, noch Wasser. Dann kamen weitere Transporte, auch aus dem Pawiak-Gefängnis in Warschau. Der Zug stand bis zum frühen Morgen, fuhr dann langsam in Richtung Südwest. Wir hörten hin und wieder den Namen einer Station. Wir fuhren durch Tschenstochau, standen lange auf Nebengleisen. An einem späten Septembertag sind wir, schon bei Dunkelheit, in Auschwitz angekommen. Es gab noch nicht das Lager Birkenau mit der Rampe. Auf freiem Feld sozusagen, nicht weit vom Eingangstor des altern Lagers entfernt. Wir mußten von oben springen, ob alt oder jung. Hundegebell. Es wurde geprügelt, geschlagen. „Schnell, schnell", das waren die ersten deutschen Worte, die ich hörte. Im Laufschritt nach vorne. Und dann gingen wir zum Tor.

So komisch es klingt, dieses Tor gab uns Hoffnung. Denn da stand: „Arbeit macht frei." Aha, es ist also ein Arbeitslager. Gut. Immerhin. Vielleicht eine Fabrik. Ach, die Deutschen haben solche erfinderische Parolen: Arbeit macht frei. Dabei war das erste Krematorium nur ein paar Schritte von dieser Aufschrift entfernt. Aber der Schornstein hat uns noch in unseren Erwartungen bestärkt: Da läuft etwas, da ist Betrieb. Ein Kamin, das heißt Arbeit. Niemand wußte, daß wir in Auschwitz waren. Wir kamen ja praktisch auf freiem Felde an. Hier in Auschwitz fand ich Bekannte von Warschau aus dem ersten Transport, denn wir waren der sogenannte zweite „Warschauer Transport."

„Still, nicht fragen, ihr seid in Auschwitz"

Mein erster Eindruck, ein paar Blocks, ein großer Appellplatz. Wir wurden mit Scheinwerfern angestrahlt, formierten uns, wurden alphabetisch geordnet und in Reihen zusammengestellt. Jetzt sahen wir zum ersten Mal die Kapos in ihren gestreiften Anzügen mit den verschiedenfarbigen Winkeln. Gestreifte Leute, mit schwarzen, mit grünen und mit roten Winkeln, die laut schrieen, die heftig prügelten. Die meisten waren Deutsche, einfache Kriminelle. Kapos mit niedriger Lagernummer. Wie in einem Zirkus, total unwirklich. Hinter den Fenstern waren Gesichter zu sehen, und wir fragten diese Gesichter, wo wir seien, und sie sagten: „Still, nicht fragen, Ihr seid in Auschwitz!" Aber das sagte uns nichts. „Was für eine Fabrik ist das?", fragten wir. „Ihr werdet schon sehen ..."

Dann wurden wir numeriert, in die Sauna gebracht, es war wirklich warmes Wasser da, sehr schnell mußte alles gehen, fast im Laufschritt mußten wir unsere Sachen abgeben. Alles wurde in Säcke gesteckt. Wir wurden neu eingekleidet, nicht alle hatten gestreifte Kleidung. Ich trug gestreifte Hosen und eine Wehrmachtsjacke. So bin ich auf dem Foto als Lagerhäftling von Auschwitz zu sehen. Dieses Foto trage ich immer bei mir. Vielleicht die Jacke eines verwundeten oder gar gefallenen deutschen Soldaten, noch mit Blut verklebt. Es ging mir durch den Kopf: Ein Soldat ist gefallen, und die Jacke kann man als Verpackung für einen lebenden Leichnam benutzen. Nicht schlecht.

Wir erhielten ein Stück Stoff mit einer Nummer und sollten am anderen Tag Nadel und Zwirn bekommen, um es anzunähen. Nach der Sauna wurden wir rasiert; alle Haare wurden am ganzen Körper entfernt. Dann sagten wir uns zum ersten Mal in Auschwitz „Gute Nacht". Ich glaube, wir haben noch Kaffee bekommen. Sonst nichts. Im Block 10 war ich in der ersten Nacht mit 50 Leuten zusammen.

Am nächsten Tag wurden wir alle auf den Appellplatz getrieben. Es war der Morgen des 22. September 1940. Alle Häftlinge waren da. Wir erfuhren schon manches aus Gesprächen, grausame Sachen, aber wir hatten es noch nicht begriffen.

Wir hatten schon vor dem Krieg von Dachau gehört. Wir wußten, daß dort geschlagen wurde: Kommunisten und Juden und sogenannte Asoziale, daß einzelne auch umgebracht wurden. Lager ja, Grobheiten, Brutalität, Ausbeutung das schon, aber Vernichtung?

Wir wurden erniedrigt, aber unser Leben war nicht bedroht. Am 22. September 1940 kam Lagerkommandant Fritsch und sagte: „Ja, seht ihr den Kamin da drüben, seht ihr dort drüben, dort ist das Krematorium. Alles zum Krematorium, 3000° Hitze."

Da wurden wir bleich

Und Fritsch fuhr fort, es ist der einzige Weg ins Freie, durch den Kamin. Das war schön und offenherzig. Gute Aussichten für uns. Durch den Kamin. Da wurden wir bleich, und ich habe gezittert. Ich hatte Angst. Das war für mich die schwerste Zeit in meinem Leben, schwerer als in Warschau im Krieg und nach dem Krieg. Jahrelang träumte ich von diesem Morgen, trat jede Nacht wieder an, sah den Kamin, hörte Fritsch, es gibt nur einen einzigen Weg ins Freie, durch den Kamin. Und im Traum wurde ich noch bleich. Und wir schauten nur zu ...

Die SS-Leute suchten ein Opfer. Ein Lehrer aus einem Gymnasium in Warschau, neu im Lager. Ich weiß nicht, was er gemacht hat, vielleicht stand er nicht gerade, egal, nichts Besonderes. Die Kapos brachten ihn nach vorne, wir haben es alle gesehen, die paar Tausend, und ich war dabei. Die Nummer

4427, Bartoszewski, sah zu, sah es deutlich, ich sehe es noch jetzt. Sie haben diesen Lehrer geprügelt und gefoltert. Er fiel, er lag, er wurde ohnmächtig, er blutete. Ich weiß nicht, ob er totgeschlagen wurde, mir schien, er war tot. Es dauerte 10, vielleicht 15 Minuten. Hier standen etwa 5000 Menschen. Stramm in Hab-acht-Stellung. Und wir waren Zuschauer, und niemand hat etwas gesagt, niemand hat etwas gemacht. Und ich war da, und ich habe auch nichts gemacht, und das empfinde ich noch heute als die Scham meines Lebens, obwohl ich das alles verstehe. Was kann man durch Angst in ein paar Stunden erreichen! Wie kann in so kurzer Zeit ein Mensch erniedrigt werden? Was kann man aus dem Menschen machen! Wir waren in der Menge nicht gefoltert, aber was konnten wir tun, Maschinengewehre oben, Wachposten unten ringsum! Aber trotzdem, hier wurde ein Mensch gefoltert. Das war ein absichtlich herbeigeführtes Schauspiel. Erreicht wurde ein Ziel: Wir hatten Angst.

Am nächsten Tag wurden verschiedene Berufe gesucht. Ich war noch ohne Berufserfahrung, geschweige denn Ausbildung. Ein katholischer Priester meldete sich als Gärtner. Ich dachte, vielleicht kommt er vom Lande, kennt sich etwas aus. Tischler, Schlosser und Elektriker wurden für verschiedene Arbeiten gesucht. Ich wußte damals noch nicht, daß man sich gleich melden sollte, egal was man gelernt hat. Nach ein paar Stunden wurden die Leute ausgesucht, die 1923 und 1922 geboren waren. Aus uns wurde dann zusammen ein Jugendblock gebildet, Block 5. Der Blockälteste war Pole und Sadist. Der Schreiber war auch Pole, ein guter Charakter, als politischer Häftling eingestuft. Er wollte nach Ungarn fliehen, zur polnischen Armee ins Ausland, war aber ertappt worden. Er war Jude, jedoch nicht beschnitten, katholisch. Die Eltern waren beide Katholiken, aber im Sinne des Nürnberger Gesetzes änderte dies nichts daran, daß er „Volljude“ war. Er war also Pole und Jude. Sein Vater war ein bekannter Theaterkritiker, Reserveoffizier der polnischen Armee, damals schon in England. Es half nicht viel, aber es schadete auch niemandem. Er warnte. Sei nicht dumm, du sollst das lassen usw. Er mußte täglich einen Bericht schreiben, über Kranke, Neuankömmlinge, Tote, was es so gab, eben die üblichen Aufzeichnungen. Wir Polen waren weitgehend unter uns.

Die jüdischen Transporte kamen ja erst später, erst im März 1942 die Frauen aus der Slowakei.

Was haben wir den ganzen Tag gemacht? Keine Gymnastik im eigentlichen Sinne, auch keinen Sport, sinnloses Hüpfen, ein paar hundert Meter Hüpfen wie ein Frosch. Wer nicht hoch und nicht weit genug hüpfte, wurde geprügelt. Das Essen war schlecht. Für 5000 Menschen gab es nur eine Wasserpumpe. Das Wasser war nur zum Waschen da. Uns wurde verboten, es zu trinken. So hoch achtete man unsere Gesundheit.

Schmuck fürs Krematorium

In den freien Stunden lernten wir Deutsch. Wir sollten Befehle verstehen und Begriffe lernen. Wir sollten uns in deutscher Sprache melden können. Manchmal wurde uns aus deutschen Zeitungen vorgelesen, die in Polen damals schon erschienen. Wir lasen und übersetzten dann ins Polnische. Ich las laut vor, aber so, daß jeder merkte, daß ich die Sache nicht ernst nahm. „Mein Lieber", sagte mir der Schreiber, „du liest deutsche Zeitungen, aber wie ..., das ist eine tödliche Sache." Ich paßte auf, denn es ging um mein Leben. Aber dieses Zeitunglesen hörte in wenigen Tagen auf. Wir erhielten keine mehr und wurden in Arbeitskolonnen eingegliedert. Ich habe als erste Arbeit in Auschwitz Rasensonden ausgeschnitten, kleine Quadrate, auf Schubkarren gelegt und zum Krematorium gebracht. Ich habe das Krematorium 1 damit geschmückt ...

Damals habe ich die ersten Toten gesehen, die zum Verbrennen gebracht wurden. Die Leichen. Drinnen war ich nie. Die Leichen wurden in offenen Karren gebracht. Es waren damals nicht sehr viele. Das Lager gab es ja erst seit Juni 1940. Wenn jemand nicht gerade schwer krank war oder auf den Kopf geschlagen wurde, dann überlebte er. Die ersten Erschießungen fanden erst am 11. November 1940 in einer Kiesgrube auf dem Lagergelände statt. An unserem Nationalfeiertag.

Ich habe ein paar Tage an diesem Krematorium gearbeitet. Dann trug ich Bretter und Betonpfähle, die gleichen Betonpfähle, die heute noch in Auschwitz stehen. Der Draht war später elektrisch geladen, um jeden Fluchtversuch zu verhindern. Und einmal hatte ich großes Glück. Wir trugen zu acht Mann einen solchen Betonpfahl. Da wir zu schwach waren, fiel er auf meinen Fuß, aber nur mit dem gebogenen Endteil. Mein Knochen wurde nicht zerquetscht. Ich hatte wieder einmal Glück gehabt. Immer habe ich Glück gehabt ...

Dann wurden wir alle zum Kartoffeltragen eingesetzt. Ungeheuer große Transporte mit Kartoffeln kamen an. Auf den hohen Wagen mußten wir die Kartoffeln in Körbe laden und in Mieten bringen, wo sie vor Frost geschützt waren. Das war eine sehr schwere Arbeit. Wir hatten keine guten Schuhe, und die Felder waren voll Schlamm. Es regnete, es war Ende Oktober.

Der Appell

Und dann kam der bekannte Appell, den ich nicht vergessen werde. Ich glaube, es war am 28. Oktober 1940. Ein Häftling war geflohen. Und wir wurden alle auf den Platz gejagt. Wir standen zwei lange Tage, zwei Tage. Nachmittag, Tag und Nacht und ein weiterer Tag. Ja, Nacht, Tag, Nacht, und am nächsten Tag wurden wir erst in den Block entlassen. Dann bekamen wir zum ersten Mal etwas zum Essen und zum Trinken. Ich glaube, fast 40 Stunden standen wir auf dem Platz. Die Menschen wurden aus der Menge herausgeholt, wahllos geschlagen, geprügelt. 150 bis 180 sind an diesen zwei Tagen auf dem Platz oder nachher an den Folgen der Schläge und Entbehrungen gestorben. Dies waren die ersten großen Opfer in Auschwitz.

Vorher gab es ein halbes Dutzend Tote am Tag. Man denke an ein Städtchen von 5000 Einwohnern. Das ist nicht viel. Wir waren ja noch keine große Menschenmenge. Erst wenn Dutzende sterben, macht es Eindruck. Und an diesem Tag sind Dutzende gestorben – und nachher auch.

Ich wurde immer schwächer. Im September hatte ich schon keine Socken mehr und nur noch Holzschuhe – und dann der Frost. Feucht war es und frostig. Die ganze Gegend ist ja eine der ungesündesten in ganz Polen. Das wußte ich schon in der Schule. Da haben die Nazis einen guten Standort für uns ausgewählt. Und dann wurde Birkenau gebaut. Mit diesem Unternehmen hatte ich jedoch nichts zu tun. Ich arbeitete unweit des

Lagers auf dem Felde bei der Eisenbahn. Wir wurden alle im November eingesetzt, beim Abriß der Vorstadt Zasole. Es gab dort einen neuen Stadtteil in der Nähe des Lagers mit Villen, Einfamilienhäusern, nicht sehr groß. Die Leute wurden ausgesiedelt, deportiert.

Es war eine gute Arbeit. Wir wurden nicht immer beobachtet, und wir fanden im Keller von Zeit zu Zeit etwas Eßbares, alte Gurken und Kartoffeln, die die Leute nicht mehr mitgenommen haben. Wir wurden kaum gefoltert, kaum geprügelt. Wir nahmen auch ein paar Gebetbücher mit. Uns war ja alles abgenommen worden, als wir ins Lager kamen.

„Man muß ihm helfen"

Im Dezember 1940 wurde ich krank. Wahrscheinlich Lungenentzündung. Ich hatte hohes Fieber. Auf dem Appellplatz konnte ich schon kaum mehr stehen. Ich bekam Geschwüre und hatte erfrorene Hände. Wir hatten ja keine Handschuhe und mußten bei Minustemperaturen Ziegel ausladen. So überredeten mich die anderen, ins Ambulatorium zu gehen. Das war zwar nahe am Tod, aber es gab keinen Ausweg. Komm, geh! Sie begleiteten mich, und ich habe mich dann in einer freien Stunde gemeldet, fast ohnmächtig. Ich erinnere mich nur noch an die ersten Minuten im Ambulatorium. Ich weiß noch, wie der leitende polnische Häftlings-Arzt mich nicht annehmen wollte. Dann kam ein anderer Arzt, dessen Name ich kenne. Er sagte: „Was bist du von Beruf?" Ich sagte: „Halbwegs Student." „Nun ja. Aus Warschau?" – „ Ja." „Politisch?" – „Ja, schon." Und er hat zum anderen gesagt: „Du, man muß ihm helfen." Ein polnischer Häftling hat mich aufgenommen. Als ich ins Bett kam, fiel ich in Ohnmacht und bin erst nach 11 oder 12 Tagen wieder aufgewacht. Das war am 23. Dezember, einen Tag vor Weihnachten.

Weihnachten verbrachte ich in einer Stube mit vielen Schwerkranken. Unter einem Vorwand fand ich einen Platz. Man schrieb mich hautkrank, Infektion. Davor hatten die Deutschen Angst. Hautkranke und schwer Geschlechtskranke, das war eine Schande, letztes Stadium. Trachomakrankheiten, diese Augenkranken, davor hatten sie auch Angst. Vor Übertragbarkeit, vor Infektionen. Wir Schwerkranken waren alle zusammen, zu zweit in einem Bett.

Dieses Spital hat mir das Leben gerettet. Ich war damals der Jüngste. Die Kollegen waren väterlich zu mir. Sie haben in mir ihren eigenen Sohn gesehen.

Die Weihnachtsgeschenke der SS

Auch erinnere ich mich noch so gut an Weihnachten. Auf dem Appellplatz war ein Tannenbaum aufgestellt, mit elektrischen Kerzen. Und unter dem Baum lagen die Lagerleichen. Das war die Idee eines SS-Mannes, ich weiß nicht von wem. Die an diesem Tag gestorben sind, die lagen unter dem Weihnachtsbaum, alle auf einem Haufen, bevor sie ins Krematorium kamen. Das waren die Geschenke der Deutschen für uns. Ein paar Stunden haben sie dort gelegen. Ich habe das nicht gesehen, ich habe das nur gehört, nachher hat man es mir gesagt. Was ich selbst gesehen habe, das ist für mich reichlich genug. Ich mußte das nicht auch noch sehen.

Ich blieb im Spital. Später las ich in einer Zeugenaussage, ich hätte den Menschen geholfen und Widerstand geleistet. Ich hatte ein großes Repertoire polnischer Gedichte und literarischer Stücke noch im Kopf. Mein Abitur lag erst ein Jahr zurück, und man hat an unseren Schulen sehr viel auswendig gelernt. Deshalb konnte ich stundenlang Gedichte aufsagen. Ich habe auch für die anderen die kurzen Briefe in deutscher Sprache geschrieben, denn es gab ja nur die eine Sprache „Deutsch". Den ersten genehmigten Brief habe ich meiner Mutter erst Wochen später nach meiner Einlieferung geschrieben. Und dann bekam ich auch jeden Monat einen Brief von ihr auf einem Formular. Einige wenige Zeilen. Es geht mir gut. Ja.

Das erste und einzige Paket

Was sollte man schreiben? Es war ja immer ein Zeichen, daß man lebt. Es gab damals noch keine Pakete, keine Kontakte. Aber einmal bekam ich ein Paket, ein Kilo, von Sapieha, dem

Erzbischof von Krakau. Namenlose Pakete, aber für jeden eines. Speck, Schmalz, Wurst, Bauchfleisch. Wie habe ich das geschätzt, als ich zum ersten und einzigen Mal dieses Paket in Händen hatte! Wir konnten zwar von dem Familien Geld bekommen, aber außer Seife und Zahnpasta gab es nichts zu kaufen. Nachher war es schon möglich, dafür einen Schlag Suppe zu bekommen.

Inzwischen stellte ich fest, daß aus meinem Wohnhaus 14 Menschen nach Auschwitz gebracht worden waren. Von diesen 14 sind 11 gestorben und 3 entlassen worden; aus einem einzigen Haus. Im ersten Winter starben ungefähr 80% der Warschauer Transporte. Ohne Gaskammer und ohne Todesspritzen. Die ersten Todesspritzen gab es erst im Mai 1941. Hätte es sie früher gegeben, wäre ich schon tot gewesen. Das dauerte so den Winter über, und die Ärzte haben mich auf jegliche Weise gepflegt. Sie haben mich im Hospital festgehalten, und ich bin dadurch gerettet worden. Am 8. April, Dienstag in der Karwoche, wurde ich gerufen. Ich sollte entlassen werden.

Letzte Grüße aus Auschwitz

Ich hatte inzwischen auch größere Bewegungsfreiheit erhalten, hatte mehr gesehen als andere. Für mich war das sowieso genug. Ich habe viele sterbende Menschen gesehen, mit Sterbenden im Hospital gesprochen. Ich bekam verschiedene Aufträge für die Familien. Das waren keine alten Leute, aber sie waren meist älter als ich. Sie hatten oft Frauen und Kinder. Ich erinnere mich heute noch an ganz konkrete Sterbeszenen, an einzelne Namen. Und dann lasen wir manchmal in der Zeitung, daß das Leben um uns weitergeht, daß es in Kattowitz und Krakau Cafés und Restaurants gibt und Lokale, jawohl.

Ich habe den anderen oft gesagt, das Leben geht weiter. Wir müssen uns so zusammenfinden, wir müssen uns damit abfinden. Wir haben gemeinsam gebetet, auch ohne Gebetbücher. Es gab Leute, die hatten verschiedene Gebetstexte auswendig gelernt. Wir hatten ja keinen Priester im Hospital. Auswendig haben wir auch gesungen, aber es war eigentlich ja nur ein Brummen. Denn Singen war verboten.

Dann kam dieser 8. April 1941, an dem ich mit neun anderen Personen, drei aus Warschau und sechs aus Oberschlesien, entlassen wurde. Es wurde nur gesagt: „Wir werden euch jetzt entlassen, meldet Euch sofort bei der Gestapostelle am Ort, an Eurem Wohnsitz. Nichts mehr Dummes anstellen und sofort zum Arbeitsamt. Wenn jemand zurückkommt, kann er nur durch den Kamin befreit werden, das möchte ich euch ganz einfach sagen."

Schulbrote

Dann bekamen wir ein paar gedruckte Formulare: Ich habe keine Ansprüche gegen die Lagerverwaltung, ich bin gut behandelt worden, und ich werde nichts Staats- und Rechtswidriges tun. Was „Staat" für die Polen bedeuten sollte, das war mir nicht klar. Es war schon richtig gemeint, und wir haben alles unterschrieben. Dann wurden wir zum Bahnhof gebracht. Ich konnte kaum gehen. Es war Schnee gefallen, Schnee im April. Schnee den ganzen Weg entlang. Wir kamen dann nach Auschwitz zum Bahnhof. Der Polizist wartete, bis der Zug abgefahren war. Er sagte, wir sollten mit niemandem reden. Es sei verboten. Ich kam in ein Eisenbahnabteil, in dem zwei polnische Mädchen saßen. Ich sagte kurz: „Aus dem Lager." Dann gaben sie uns Frühstücksbrote. Mit dem Hunger kämpfend, habe ich noch gesagt: „Ihr bekommt doch in Schlesien auch nur Essen auf Lebensmittelkarten." „Ja, ja, aber wir haben genug." Eine fromme Lüge! Das ist meine schönste Erinnerung an meine Entlassung.

Das sind die Juden, das Getto

In der Nacht kamen wir in Warschau an, noch vor der Polizeistunde. Ich war am Rande des Todes, hatte eine Blutvergiftung. Taxen gab es nur für Deutsche, für Polen nur Droschken. Der Droschkenkutscher wollte nicht so weit fahren, aber wir sprachen miteinander: „Woher ich komme? Aus dem Lager." „Lebt Ihre Mutter noch? Die wird sich freuen. Ich werde Sie heimbringen. Ich fahre zwar sonst nicht gerne so weit, Sie brauchen kein Geld ..."

Wir fuhren am Getto vorbei. „Da sind die Juden", sagte der Fahrer. „Um Gottes willen, was ist das?" „Das Getto ist abgesperrt." An der Weichsel entlang, gegenüber die Altstadt, bin ich nach Hause gefahren. Und dann erfuhr ich von meiner überraschten Mutter, daß mein Vater beim Roten Kreuz meine Entlassung erwirkt hatte.

Am nächsten Tag meldete ich mich bei der Gestapo, und die Herren waren äußerst zuvorkommend. „Wie geht es Ihnen?" „Ja, gut." „Wann wurden Sie entlassen?" „Gestern abend, es war schon zu spät, um gleich hierher zu kommen." „Wie fühlen Sie sich?" Ich konnte ja nicht sagen schlecht. Ich hatte unterschrieben, daß ich gesund war. „Ein bißchen erkältet", sagte ich, „auf der Reise. Ich fühle mich nicht so wohl. Sonst ist alles in Ordnung." „Dann müssen Sie gesund werden", sagten die Herren, „und sich beim Arbeitsamt melden. Sie sind noch jung, Arbeit ist gesund für Sie. Sie sehen aber nicht so gut aus", sagten die Herren, „Sie brauchen sich nicht zu beeilen. Sie müssen erst gesund werden."

Ein paar Wochen lang lag ich im Bett: Sepsis! Eine Pfadfinderin, Hanka, pflegte mich. Meine Mutter mußte ja zur Arbeit. Ich konnte beide Hände nicht bewegen, der ganze Organismus war vergiftet. Jeden Mittag kam eine Krankenschwester und machte Injektionen.

Familien, deren Angehörige schon im Lager gestorben waren, unterstützten mich. Für mich war das ein Problem. Ich lebe und die anderen sind tot. Das ist mir erst nachher so richtig zu Bewußtsein gekommen. Ich lebe, aber warum?

Es gibt keinen Zufall

Aber das ist für mich doch eine Verpflichtung. Es gibt doch keinen Zufall im Leben. Ich bin ein gläubiger Mensch. Wenn ich lebe, dann bedeutet das für mich, daß ich anderen helfen muß. Es gibt auch für mich keine Rache. Freilich gab es auch andere Reaktionen. So traf ich einen Freund, der ein paar Monate nach mir entlassen worden war. Festgenommen auf einer Razzia, ein bißchen älter als ich. Ein sportlicher und tüchtiger Bursche. Mit niedriger Nummer im KZ, er mußte also viel durchmachen.

Seine Mutter war Modistin mit deutschen Kunden, und so gelang es ihr, ihn aus dem Lager zu holen. Vielleicht war die Kundin die Frau eines Polizeioffiziers, jedenfalls verlangte sie kein Geld. Er wurde entlassen, meldete sich bei mir und sagte: „Mein Lieber, ich will töten, ich will mich rächen. Ich will die deutschen Schurken töten." Ich habe ihn an ein Sonderkommando vermittelt, das auf die Gestapo angesetzt war. Er war bei diesen Stoßtruppenunternehmen dabei. Er hat auch Urteile vollstreckt und wurde, der einzige Sohn, im Kampf getötet.

Ich dachte anders. Ich habe kein Blut vergossen. Ich habe Glück gehabt. Glück gehabt, wie so oft in meinem Leben.

Schreibe, sagte sie zu mir

Inzwischen ahnten wir, daß es bald zu einem deutsch-russischen Krieg kommen würde. Riesige Mengen der deutschen Armee waren unterwegs nach Ostpolen hinein. Zum Teil ungetarnt in offenen Panzerkolonnen. Der Flughafen wurde ausgebaut. Und ich war immer noch im Bett. In dieser Zeit schrieb ich meinen ersten Bericht, auf Anraten des Mädchens Hanka, das später wegen Konspiration im Untergrund erschossen wurde. „Schreibe", sagte sie zu mir. Ich konnte aber nicht schreiben, meine Hände waren tot. – Ich habe diktiert, und sie hat alles aufgeschrieben. Damals wußte ich noch nicht, daß sie die Sekretärin eines Chefs der Nachrichtenabteilung der Untergrundarmee war. Diesem brachte sie meinen Bericht; er wurde entsprechend ausgewertet. Das war einer der ersten Berichte aus dem Lager Auschwitz, zusammen mit dem Rapport eines polnischen Künstlers, der aber früher als ich entlassen worden war.

Unüberwindbare Barrieren

Endlich war mein Widerstand durchbrochen, die Barriere der Angst beseitigt. Ich berichtete und wurde gesund. Ich besuchte die Familien der Toten und löste so mein Versprechen ein. Ich erinnere mich an eine junge Frau, vielleicht Mitte 30. Der Ehemann, ein Finanzberater, starb bei mir im Hospital. Kurz vor seinem Tode bat er mich, seine Frau und seine Kinder zu besuchen und ihnen auf Wiedersehen zu sagen. Und sie sagte: „Ich habe keine Angst vor Ihnen, mein Herr. Wer hat Sie beauftragt, wer hat Sie bezahlt, um hierher zu kommen und solche Lügen zu erzählen, mich seelisch zu brechen? Es kann sein, daß Sie ein schwacher Mensch sind. Wahrscheinlich sind Sie deshalb entlassen worden. Aber Sie sind ein Lügner ..."

Das war erschütternd. Ich habe gemerkt, wie psychologisch verwickelt dies alles war. Und sie sagte: „Mein Mann war gesund. Ich habe die Nachricht bekommen, daß er an einer Nierenkrankheit gestorben ist. An einer Nierenkrankheit stirbt man nicht in ein paar Wochen. Dann ist das einfach eine Lüge."

Aber die Wahrheit war, daß man ihn auf die Nieren geschlagen hatte. Ich fragte die Frau: „Haben Sie die Urne mit der Asche bestellt?" Ihre Antwort: „Nein, nein, in keinem Fall." „Dann machen Sie das", bat ich sie, „Sie haben Kinder. Die Urne ist eine Erinnerung."

Aber es gab da gewisse Schranken, Barrieren, die ich auch nicht durchbrechen konnte.

Der Held, der sich hinter dem Busch verbarg

Wie ein einfacher Forstaufseher die Toten lebendig machte

Als das Getto der Juden in Warschau geschlossen wurde, war ich schon im KZ Auschwitz. Als ich sieben Monate später nach Warschau zurückkam, erreichten uns von überall her schlechte Nachrichten. Tausende meiner Landsleute waren inzwischen aus Ostpolen tief nach Rußland hinein deportiert worden, andere zur Zwangsarbeit ins Reich. Die deutschen Sicherheitskräfte hatten die Straßenrazzien verstärkt. Menschen wurden in das Gestapo-Gefängnis Pawiak eingeliefert – und verschwanden bei Nacht, ohne Urteil, ohne Untersuchung. Zu dieser Zeit hatten wir bereits einen Nachrichtendienst im Untergrund aufgebaut, und wir sollten bald erfahren, was mit diesen Menschen geschah.

Wir richteten uns auf eine lange Nacht ein. Wir wußten, daß wir unsere Freiheit selbst erkämpfen, und wenn dies nicht gelingen sollte, wenigstens das Schlimmste verhüten mußten.

Mit Schrecken erkannten wir, daß die Nationalsozialisten ihre Pläne in die Tat umsetzten, Polen als Volk, als Nation und als Staat zu vernichten. Erstes Ziel war dabei die Ausrottung der Intelligenz.

Seit Dezember 1939, drei Monate nach Beginn des „Blitzkrieges“ gegen mein Land, wurden schon die ersten Menschen aus dem „Pawiak“ geholt, auf den ehemaligen Truppenübungsplatz Palmiry in der Nähe von Warschau gebracht – und dort erschossen und verscharrt. Bald sickerten die ersten Nachrichten darüber durch, schlimme Nachrichten, die noch Schlimmeres andeuteten.

Dieses Gebiet war schon vor dem Kriege Schutz- und Militärgebiet, Truppenübungsplatz und Munitionsdepot. Dort gab es nur ein paar Leute, die im polnischen Dienst standen, z. B. Forstaufseher. Sie wurden von den deutschen Forstschutzbeamten akzeptiert, blieben unter deutscher Obhut. Einer dieser Forstaufseher, ein einfacher Mann, beobachtete, was fast täglich geschah. Er bekam oft den Befehl, an einem Tag einfach zu Hause zu bleiben, 'mal nicht auf Wilderer aufzupassen. Und dieser einfache Mann, eher ein Bauer, merkte, daß die SS Gruben aushob. Er wäre kein polnischer Bauer gewesen, wenn er sich nicht an dem Tag, an dem er zu Hause bleiben sollte, versteckt hätte. Er saß an dem Platz, wo die Gruben ausgehoben wurden, oben auf einem Baum oder hinter einem Busch und schaute zu. Der Forstaufseher ging zu einem Pfarrer, der an der Straße Warschau–Modlin wohnte, und sagte: „Hier passiert etwas, Herr Pfarrer. Die erschießen Leute." Der Pfarrer sagte: „Kannst du sagen, wie viele Leute das sind? Du mußt alles markieren, du mußt wissen, wo das war." Dieser Bauer hat ein paar Äste in den Boden gesteckt, ein paar Steine aufgebaut, Stellen markiert. Und immer den Priester informiert.

Später haben wir die Massengräber nach dem Krieg gefunden. Ich habe 1946 bei der Ausgrabung mitgeholfen, die Leichen identifiziert. Diesem Bauern haben wir es zu verdanken, daß wir die Gräber gefunden haben, daß wir viele identifizieren konnten. Das hat er nur getan, weil er sich dazu von seinem Gewissen her verpflichtet fühlte. Er hätte zu Hause bleiben können. Er hatte Familie. So leicht war das nicht, denn nicht nur er, sondern auch die Frau und die Kinder, alle wären getötet worden. Er konnte nicht direkt helfen, aber er konnte die Spuren so deutlich machen, daß die Natur sie nicht verwischen konnte. Er hat nicht an Gericht und Verfolgung gedacht, sondern an die Menschen, die spurlos umgebracht wurden.

Was macht ein Christ in dieser Situation? Man muß sich eben mit dem Priester beraten. Man kann keine Messe feiern, man kann kein Kreuz aufstellen, aber man kann mindestens die Erinnerung aufbewahren.

Wir hatten diese Nachrichten schon im Widerstand und im Untergrund während des Krieges. Aber um den Priester nicht zu bedrohen, wurde dies alles geheimgehalten. Der Priester hat Bücher mit den Angaben darüber geführt, wieviel Leute umgebracht wurden. Ich habe mit dem Priester nach dem Krieg gesprochen. Er war in der gleichen Gemeinde geblieben.

Ähnlich wie dieser Forstaufseher haben Zehntausende, ja Hunderttausende von Menschen aktiv im Widerstand gearbeitet. Auch ich gehörte seit den letzten Monaten des Jahres 1942 dazu und übte von frühmorgens bis zur Polizeistunde verschiedene Untergrundtätigkeiten aus. Mein Vorgesetzter im jüdischen Referat der Abteilung für innere Angelegenheiten der Delegatur der Londoner Exilregierung, mit dem Decknamen Jan, schlug mir die Mitarbeit bei der Gründung einer Gefängniskontaktzelle in dieser Abteilung vor. Deren wichtigste Aufgabe war es, den Insassen des Gestapo-Gefängnisses Pawiak organisierte Hilfe zu bringen und dort Informationen und Materialien über die Verbrechen der Nazis auszuwerten. Im Dezember 1942 wandte sich die sog. Untergrundleitung des zivilen Kampfes „an alle Bürger des polnischen Staates“ und appellierte: „Es kommt nun darauf an, alles im Gedächtnis zu behalten und eventuell auch, unter Einhaltung aller Vorsichtsmaßnahmen, alle Tatsachen über Verbrechen und ihre Einzelheiten aufzuzeichnen und zu beschreiben unter Angabe des Ortes und Datums des Verbrechens, der Vornamen und Namen der Täter, ihres Wohnortes oder woher sie kommen sowie der von ihnen ausgeübten Funktionen. Auch die Namen der Zeugen sollte man nicht vergessen. Es empfiehlt sich ebenfalls, alle offiziellen Dokumente oder ihre Abschriften zu sammeln. Nicht nur die Hauptschuldigen und die Anstifter zum Verbrechen werden später zur Rechenschaft gezogen, sondern auch alle diejenigen, die ihre Verfügungen erfüllt haben, unbeschadet ihrer staatlichen und nationalen Zugehörigkeit. Daher sollte man alle Einzelheiten über diese Personen im Gedächtnis behalten. Überall dort, wo eine solche Aktion bereits eingeleitet worden ist, muß überprüft werden, ob das bestehende Material alle Einzelheiten enthält ... Die gesammelten Materialien müssen sorgfältig verborgen oder auf dem

Organisationsweg den zuständigen Dienststellen zugeleitet werden."

Ich beteiligte mich sofort an dieser Arbeit und konnte dafür eine unersetzliche Sekretärin und Archivarin, Stenotypistin und Kontaktleiterin gewinne. Ihr Deckname war Bronislawa, eine ehemalige Angestellte der Stadtverwaltung.

Der erste und wichtigste Melder und Verbindungsmann zum Pawiak-Gefängnis war eine Gefängniswärterin mit dem Decknamen: Myszka (Mäuschen) oder auch „Lusia" genannt. Der Krieg nahm ihr den Gatten und das einzige Kind. Seitdem widmete sich diese junge ruhige Frau restlos den Fragen der Häftlinge und ihrer Familien. Sie übernahm die gefährlichsten Aufgaben und war absolut zuverlässig in jeder Situation. Immer wenn sie zum Dienst ging, hatte sie unsere Geheimnachrichten bei sich, mit vielen Fragen und Bitten. Auf dem Nachhauseweg brachte sie die Korrespondenz aus dem Gefängnis mit.

Im Sommer '43 gelang es uns unter Mitwirkung von Vertrauensleuten, ein junges Mädchen im Gestapo-Gefängnis in Warschau einzusetzen. Sie nahm die schwierige Arbeit einer Dolmetscherin in der Kanzlei der Frauenabteilung auf. Später beaufsichtigte sie die Spaziergänge der Häftlinge und war dann eine Durchgangswärterin. Sie führte alle unsere Aufgaben mit Opfermut und ungeheurer Intelligenz aus. Sie übermittelte systematisch Geheimnachrichten, mündliche Weisungen und Wünsche in beiden Richtungen. Diese gefährliche Arbeit der Informationsbeschaffung wurde von Wanda Wilczanska geleistet, die eine Vertrauensstellung im Gefängniskrankenhaus hatte. Wanda konnte ihre Mission im Gefängnis nur mit Hilfe der Ärzte im Pawiak ausüben, die ihr mit Einverständnis der Leitung des äußeren militärischen geheimen Verbindungsnetzes halfen.

Auf diesen und vielen anderen Wegen erhielten wir ständig einen Strom von Informationen, die kritisch eingeschätzt und ausgewertet wurden. Uns interessierte vor allem der Verlauf der Untersuchungen. Wichtig waren auch Warnungen über Materialien, die bei Hausdurchsuchungen und Leibesvisitationen gefunden wurden, auch Namen von Häftlingen, die alles ausplauderten. Auf diese Weise fügten wir Tag für Tag ein Mosaikbild des Gefängnislebens zusammen, das damals charakteristisch für das Leben im besetzten Land war, mit allem, was daran tragisch, heldenmütig, aber manchmal auch niederträchtig und klein war. Gleichzeitig führten wir Lebensmittelaktionen durch, die direkt an die Gefangenen des Pawiak und auch an einige Konzentrationslager gingen.

Selbstverständlich übermittelten wir diese Nachrichten auch nach London, von wo aus sie die ganze Welt erreichten.

Ich habe Tag für lag den Verlauf vieler tragischer und verwikkelter menschlicher Probleme und die Komplikationen von Verhören verfolgt, die Menschen betrafen, die ich nur vom Namen her kannte. Ich nahm als ein kleines Rädchen an der großen Maschinerie der Untergrundbewegung teil, und zwar durch Übermittlung von Warnungen, manchmal auch durch die Säuberung von Wohnungen der Verhafteten, durch das Wegschaffen von Material, das von der Gestapo übersehen worden war, aber immer noch gefährlich sein konnte. Fast jedes dieser Erlebnisse könnte noch nach Jahren Gegenstand von Erinnerungen sein, während ich sie damals zwangsläufig auf einige Worte oder Sätze in den für die Untergrundbewegung ausgefertigten Dokumenten reduzieren mußte.

Ich erinnere mich noch genau, wie wir am Abend des 7. Januar 1944 kurz vor der Polizeistunde in die von der Gestapo in Warschau versiegelte Wohnung der inzwischen verhafteten Hanka eindrangen, jener Hanka, die die Berichte aus Auschwitz geschrieben hatte, als ich schwer krank zu Hause war. Wir mußten kompromittierende Dokumente zur Seite schaffen, die bei der Hausdurchsuchung übersehen worden waren. Im schwachen Schein der Taschenlampen suchten wir das Versteck unter dem Kohlekasten und holten die Chiffrierschlüssel, Adressen und Notizen heraus, die ich vorläufig in einem Versteck in meiner eigenen Wohnung verbarg. Das Aufbrechen der Tür und die Durchsuchung der bereits von der Gestapo verwüsteten Wohnung dauerten fast eine Stunde. In dieser Zeit wurde das Haus von außen her durch eine starke Gruppe der Widerstandsbewegung abgesichert. Am anderen Tag wurde die Hausmeisterin verhört und ein Raubüberfall festgestellt. Wer mit belastendem Material oder mit einer konspirativen Wohnung in Verbindung gebracht wurde, dem konnten wir kaum mehr helfen. Viele wurden in den Ruinen des Gettos später hingerichtet. Hilflos lasen wir oft die Namen der Teilnehmer an diesen Exekutionen auf den Plakaten, die zur Abschreckung ausgehängt wurden. Aber immer muß ich an den Bericht der zwanzigjährigen Geschichtsstudentin Aniela Zaleska (Dorota) denken, die im Besitz von belastendem Material verhaftet und gefoltert wurde. In einem ihrer Kassiber aus dem Gefängnis las ich damals:

„Das Leben ist interessant und schön. Es ist wert, in seinen verschiedenen Formen erlebt zu werden. Ich bereue die Vergangenheit nicht. Ich würde das letzte Jahr nicht für fünf ruhige Jahre hingeben. Es war nur zu wenig, und das tut mir leid."

Sie ist an einem Morgen im Mai 1944 in der Nähe des Gefängnisses hingerichtet worden.

Als ich in den sechziger Jahren mein Buch „Todesring um Warschau 1939–1944" schrieb, da gedachte ich vor allem dieser Opfer, denn schon vom Januar '46 an bemühte ich mich, in Presse, Rundfunk und Fachbüchern zur Festigung des Andenkens der Hingerichteten und Ermordeten, zur Vertiefung unseres Wissens über die Begleitumstände des Leidens und Sterbens von tausenden unschuldigen Opfern des letzten Krieges unter den Einwohnern meiner Heimatstadt Warschau beizutragen. Als einer der lebenden Zeugen dieser größten menschlichen Tragödie fühle ich mich dazu besonders verpflichtet. Ich schrieb damals: „Ich kann sie nicht vergessen, und deshalb habe ich dieses Buch geschrieben."

Die Gefallenen werden geküßt

Wie ich Juden half und dadurch selbst gerettet wurde

In der nur spärlich erleuchteten Krypta auf dem Berg der Erinnerung in Jerusalem wird das ewige Feuer entzündet. Ich stehe in der Gedenkstätte Yad Waschem, am symbolischen großen Grab mit den schweren Gedenkplatten, mit der Asche von Opfern aus allen Konzentrationslagern Europas. An diesem Oktobertag des Jahres 1963 höre ich in hebräischer und polnischer Sprache die Eidesformel, die lautet:

„Wir gedenken der heldenhaften Taten der Gettokämpfer, der Untergrundkämpfer, der Partisanen und Soldaten, die dem Leitspruch des Kampfes gegen die übermächtigen Kräfte des Feindes zur Rettung der Ehre ihres Volkes folgten. Mit Ehrerbietung gedenken wir jener, die mit Würde und Beharrlichkeit ihr Menschentum verteidigten; jener, die im Namen der heiligsten menschlichen Ideale unter Lebensgefahr den Juden Hilfe leisteten."

Ich bin 41 Jahre alt – und zum ersten Mal in meinem Leben im Ausland – und gleich in Israel! Und ich denke an die getöteten Freunde, an die Opfer, an meine Kindheit in Warschau, meine erste Begegnung mit Juden. Aber auch an die Menschen, die wir vor der Vernichtung gerettet haben. Daß ich das Glück hatte, das Leben anderer zu retten, – und damit zugleich die Rettung meiner und unserer Menschenwürde eingeleitet wurde. Man muß darüber nachdenken. Verborgen ist hier die Weisheit des Evangeliums, daß einem hundertfach und tausendfach zurückgegeben wird, was man im Leben Gutes tut. Gutes tun, das klingt so leicht, man muß das Richtige tun. Aber nur so entsteht Wahrheit. Wahrheit, die der Mensch zum Leben braucht.

Ich höre noch heute die damaligen Worte von Gideon Hausner, Generalstaatsanwalt des Staates Israel und Chefankläger Adolf Eichmanns. Er sprach polnisch, zu mir, einem der „Gerechten". Und ich sprach über Menschen, die in Auschwitz gelitten hatten, über Juden und Polen. Ich dachte auch an die Juden, die mir damals in Auschwitz sagten: „Schade für dich, Junge, uns werden die Amerikaner freikaufen. Wir werden bald heimkehren, aber was wird mit dir ...?"

Stellvertretend für viele meiner Landsleute, die sich in diesen dunklen Stunden unter Einsatz ihres Lebens in der Hilfe für polnische Juden engagiert und oft aufgeopfert hatten, pflanzte ich an der Allee der Gerechten, die zum Zentrum Yad Waschem führt, einen Baum. Ich hatte das Glück, 15 Jahre später zusammen mit meiner Frau diesen Weg hinaufzugehen. Der Baum war inzwischen gewachsen. Neue Bäume waren gepflanzt worden, weil überall in der Welt immer noch Menschen gefunden werden, die Juden gerettet hatten. 1200 „polnische" Bäume gibt es inzwischen, ein Beweis stillen Heldentums meiner Landsleute.

Was denkt man in solchen Augenblicken? Nicht nur an Millionen von Toten, sondern auch an einzelne, an Namen, die inzwischen die ganze Menschheit kennt, die vorbildlich im Leben und im Sterben waren, an Maximilian Kolbe, an Edith Stein, aber auch an den jüdischen Arzt Janusz Korczak, der an der Spitze seiner Waisenkinder den Zug ins Konzentrationslager Treblinka bestieg. Korczak und Kolbe, wenn auch unterschiedlich in der Weltanschauung und im Denken, sie gehören zusammen. Ihr Tod war jeweils ein Signal. Schulen und andere Einrichtungen tragen heute ihre Namen. Sie beinhalten die dauernde Verpflichtung, sich mit ihren Taten zu befassen und zu erfassen, was sie letztlich dazu getrieben hat, den Opfertod zu gehen, den Weg des Karfreitag zu beschreiten, auf ihre Art und Weise das Kreuz durch ihre Via Dolorosa zu tragen. Das Kreuz, an dem Jesus starb, ist für uns Christen das Symbol. Für Kolbe war es die tödliche Phenolspritze, für Korczak das tödliche Gas in der Gaskammer von Treblinka.

Seit Juli 1942 waren die Züge nach Treblinka gerollt. Mit Hunderttausenden von Menschen aus den Gettos, die inzwischen in Polen gebildet worden waren. Männer, Frauen und

Kinder, wahllos, nach den Soll-Zahlen der SS. Ein tödlicher Plan, der mit einer Maschinerie angetrieben wurde, hinter der ein Gedanke stand, der später in den Wannsee-Protokollen als Verpflichtung niedergeschrieben wurde, der Endlösung hieß. Beim Versuch, mehr als 10 000 Juden aus dem Warschauer Getto abzutransportieren, stießen die deutschen Sicherheitskräfte am 18. Januar 1943 erstmals auf organisierten bewaffneten Widerstand. Vier Tage lang dauerten die Straßenschlachten. Es gelang den Deutschen nur, 6000–6500 Juden ins Konzentrationslager Treblinka zu bringen.

Lange konnten wir uns in Polen nicht vorstellen, daß man Hunderttausende von unschuldigen Kindern, Frauen und Männern einfach ausrottete. Aber es geschah doch täglich vor unseren Augen. Allein in Warschau waren es vom 22. Juli bis 21. September 1942 über 300 000 Menschen.

Am 19. April 1943 kam es dann zum letzten Kampf. Das Getto sollte liquidiert werden. Die SS mußte sich zurückziehen. Es war der Montag in der Karwoche. Und in den Kellern und Kanälen, die zu den Katakomben der Juden wurden, starben die Getto-Bewohner. Kämpften und starben. 28 Tage lang. Ich glaube, daß dieser Kampf wichtig für die Idee eines eigenen Staates Israel war, daß er der Welt signalisierte: ein Volk will überleben. Es gibt eben kein Ostern ohne Karfreitag. Es gibt keinen Sieg über das Unrecht, wenn Menschen nicht dafür leiden – und sterben.

Auf Judenhilfe stand die Todesstrafe. Juden, die ihren zugewiesenen Wohnbezirk verließen, wurden erschossen. Die gleiche Strafe traf Personen, die solchen Juden wissentlich Unterschlupf gewährten ... Anstifter und Gehilfen werden wie die Täter, die versuchte Tat wird wie die vollendete bestraft. Der Verkauf und das Verschenken von Lebensmitteln, ja selbst ein Glas Wasser für einen Verdurstenden, wurde bereits als Hilfeleistung an die Juden betrachtet. Ganze Familien wurden wegen solcher Gesten ausgerottet, weil die Nazis das Prinzip der Kollektivverantwortung anwendeten.

Joseph Burzminski, Zahnarzt aus Przemysl, erzählte während des Eichmann-Prozesses in Jerusalem, wie er Zeuge der Ausrottung einer ganzen Familie wurde, einer achtköpfigen Familie.

Im Hause der Familie lebte ein einziges jüdisches Kind. Zahlreiche Bauernfamilien wurden erschossen, weil sie in ähnlicher Weise geholfen hatten.

Das jüdische Kapitel in meinem Leben verdanke ich einem kleinen Flugblatt, dessen Verfasserin sich damals unter einem Pseudonym verbergen mußte: Zofia Kossak, die bereits im Sommer 1942 geschrieben hatte: „Angesichts der Verbrechen darf man nicht passiv bleiben. Wer angesichts des Mordes schweigt, wird zum Komplizen der Mörder. Wer nicht protestiert, stimmt zu. Das Blut Wehrloser schreit zum Himmel nach Rache. Wer nicht mit uns diesen Protest unterstützt, der ist kein Katholik ..."

Zofia Kossak war eine bekannte katholische Schriftstellerin. Sie hatte Berichte aus den Konzentrationslagern gesammelt und unter dem Titel „In der Hölle" im Untergrund verbreitet. Sie ist vielleicht am ehesten mit Gertrud von le Fort zu vergleichen. Anders als der durchschnittliche Katholik war sie ohne Vorurteile gegenüber anderen, nicht dogmatisch eng, schon emanzipiert in ihrem Denken, wenngleich gläubig. Gläubiger als die Gläubigen, die Furcht hatten, in ihrer Praxis der Religion „etwas falsch zu machen."

Zofia Kossaks Büchlein „In der Hölle" wollte keine Rachegefühle wecken. Ihre Überlegungen über die verschiedenartige Natur des Menschen haben mich sehr beeindruckt und zugleich beeinflußt. Hier, so dachte ich, versucht jemand, unsere schreckliche Situation zu verstehen. Durch eine Reihe von Mittelsmännern gelang es mir, Kontakt zu ihr aufzunehmen. Sie fragte mich direkt, ob ich bereit sei, für die betroffenen Juden etwas zu tun. Mehr noch, für alle, die unter diesem Krieg und unter der Okkupation leiden. Selbstverständlich auch für Juden. Es war ein sehr unterschiedlicher Kreis, der sich in der Judenhilfe engagierte: Katholiken, Sozialdemokraten, Linksliberale und andere. Im Herbst 1942 wurde ich Sekretär der Redaktion eines geheimen katholischen monatlichen Meinungsblattes – Prawda – Die Wahrheit. Aus der Initiative Frau Zofia Kossaks war Ende 1942 auch eine katholische Monatszeitung für die akademische Jugend gegründet worden: „Prawda Młodych" (Die Wahrheit für die Jugend).

Noch nicht 21 Jahre alt, wurde ich Chefredakteur – und das bis zum Warschauer Aufstand im Jahre 1944.

Zur gleichen Zeit lernte ich einen Priester kennen, dem ich heute noch besonders vertraue. Ich hatte bei ihm zu Hause ein Beichtgespräch und sagte: „Ich bin verzweifelt. Ich studiere im Untergrund. Ich war im Lager Auschwitz. Die Leute sterben dort. Immer neue Opfer kommen dann. Ein Zeichen, daß Gott mich retten wollte. Denn alle anderen, die nicht entlassen wurden und mit mir im Krankenhaus waren, sie wurden ein oder zwei Wochen später getötet. Die Schwerkranken und Schwachen wurden einfach totgespritzt. Auch Menschen, die gesünder waren als ich – und darüber habe ich nachgedacht." Das war im Mai 1941, 6 Wochen nach meiner Entlassung. Damals gab es auch schon die ersten Exekutionen. Und zwar systematisch. Vereinzelt hatte es schon Erschießungen gegeben, auch während ich in Auschwitz war. Ich erinnere mich noch gut, daß ich der letzte Häftling war, der mit dem Krakauer Universitätsprofessor Adam Heydel sprach, kurz vor seiner Hinrichtung im März 1941. Ich ging zu seiner Familie, als ich nach Krakau kam. Und der Priester sagte mir: „Gott hat es besonders gewollt, daß du dem Lager entronnen bist, und deshalb mußt du etwas tun. Du mußt den Betroffenen helfen, insbesondere denen, die dich am meisten brauchen. Die Leute, die deine Hilfe brauchen, die werden von selbst kommen, die werden sich selbst finden."

Ich hatte im Jahre 1942 ein neues Leben angefangen. Ich kann mir heute nicht vorstellen, wie ich das alles gemacht habe. Alle Aktivitäten liefen parallel: Judenhilfe, Hilfe für polnische Häftlinge und Sammlung von Material im Untergrund, das Verfassen von Berichten und Dokumenten, Tätigkeit im Nachrichtendienst, Abwehr gegen die deutschen Sicherheitsdienste, Aktivitäten im kirchlichen Zusammenhang, journalistische Arbeiten und schließlich der Dienst in der Heimatarmee. Ich bin im Sommer 1942 dazugestoßen. Ohne Waffen diente ich in einem Stabsbüro der Heimatarmee und übernahm nachrichtendienstliche Tätigkeiten. Daneben schrieb ich noch Artikel und studierte illegal.

Ich wurde also ein Berufswiderständler. Wir hofften alle auf die Wiedergeburt des Staates, die Wiedergeburt der Seele in den Menschen. Das war unser Ziel.

Im Dezember 1942 wurde die Zusammenarbeit der Polen und Juden – zur Rettung der Juden – auf eine organisierte Basis gestellt. Es entstand der Hilfsrat für die Juden. Nach Schätzungen des hervorragenden jüdischen Historikers Emanuel Ringelblum gab es allein in Warschau rund 20000 Juden, die in Verstecken lebten. Sie brauchten eine Geburtsurkunde, eine Arbeitskarte und eine Kennkarte. Die Geburtsurkunden beschafften die Pfarrer. Sie benutzten die Namen von Verstorbenen. Die Kennkarten und Arbeitskarten wurden illegal hergestellt, Blankoformulare gestohlen.

Die ganze Frage, ob die Polen den Juden hätten mehr helfen können, kann nicht isoliert vom Nazi-Terror betrachtet werden. Ich kenne kein einziges Beispiel eines Polen, der in Verbindung mit der Judenhilfe verhaftet wurde und der am Leben blieb, einschließlich seiner Familienangehörigen. Sicherlich waren viele Polen antisemitisch gesinnt, doch nicht mehr als die Slowaken, Rumänen, Litauer, nicht viel mehr als die Franzosen und die Belgier. In allen diesen Ländern waren faschistische Gruppen, waren Freiwillige auf Hitlers Seite. Diejenigen, die am schnellsten dazu bereit waren, in diese Einheiten einzutreten, das waren die eigentlichen Drahtzieher der Judenvernichtung. Man muß auch sehen, daß der Judenrat in der fürchterlichen Situation war, daß er die eigenen Leute aussuchen mußte. So wollte er Schlimmeres verhindern. Das war falsch. Wie konnte man 20000 Juden retten für den Preis von 20000 anderen?

Die wichtigste geschichtliche und moralische Bedeutung des Gettoaufstandes war im April/Mai 1943, die erste Auflehnung einer Stadt in der Geschichte der europäischen Widerstandsbewegung, der erste aufrührerische Kampf im Zentrum einer Millionenstadt, in der eine deutsche Garnison von mehreren zehntausend Mann stationiert war. Schließlich war diese Erhebung auch ein Wendepunkt in der Geschichte des jüdischen Volkes in Zeitabschnitten der Okkupation, ein Phänomen, das die Absichten und Erwartungen selbst der führenden Organisatoren der Kämpfe um ein Beträchtliches übertraf. Ich erinnere mich noch deutlich an den Eindruck, den der Brief Anielewicz's auf uns machte. Das Schreiben wurde von ihm am 5. Tag des Getto-Aufstandes verfaßt und war an seinen Vertreter und Freund Jitzchak Zukierman auf der anderen Seite gerichtet: „Das, was wir erlebten, übersteigt unsere verwegensten Vorstellungen. Die Deutschen flüchteten zweimal aus dem Getto ... Das wichtigste ist dies: Der Traum meines Lebens ist in Erfüllung gegangen – ich erlebte die jüdische Selbstverteidigung im Warschauer Getto, in ihrer ganzen Pracht und Größe."

Im Ausland datiert man den jüdischen Widerstand immer mit dem Endkampf im Warschauer Getto. Für die jüdischen Widerstandskämpfer bleibt jedoch als eigentliches Datum der Januar 1943. Eines der polnischen Untergrundblätter, „Der Tag", berichtete Ende 1943 in einem Artikel unter dem Titel „Wie sich das Warschauer Getto verteidigte": „15–20 Minuten lang war die Straße in Händen der jüdischen Kämpfer. Erst starke Verstärkungen der Gendarmerie ermöglichten es den Deutschen, die Lage zu beherrschen. Die bewaffnete Aktion hinterließ im ganzen Getto einen überaus starken Eindruck; die ganze jüdische Gemeinschaft nahm sie geradezu enthusiastisch auf. Die alten Juden segneten die Kämpfer. Die Leichen der Gefallenen wurden geküßt ..."

Oft wurden Juden, die sich versteckt gehalten hatten, unter falschen Versprechungen herausgeholt. Man sagte ihnen, daß sie in lateinamerikanische Länder gebracht würden. Sie kamen heraus, ihr Gepäck wurde aufgeladen. Dies geschah alles in sehr freundlicher Weise.

Ich beobachtete eine solche Szene am 13. Juli 1943 in Warschau. 300 Juden, Frauen, Männern und Kindern wurde geholfen, in einen Lastwagen einzusteigen. Das war schon nach der Vernichtung des Gettos. Ich war sehr erstaunt. Die grausame Komödie wurde bis zu Ende gespielt. Nach einer Viertelstunde bereits zeigte sich, daß die Lastwagen in ein Gestapo-Gefängnis fuhren. Am nächsten Tag traf ich eine der Gefängniswärterinnen, eine Polin, Mitverschworene der Untergrundorganisation. Man sagte den Juden einfach, ihre Papiere seien falsch, sie kamen in Gefängniszellen. Schon am darauffolgenden Tag wurden sie in den Ruinen des Gettos hingerichtet. Diese tragische Nachricht, die unsere ärgsten Befürchtungen bestätigte, übermittelte ich den Anführern des jüdischen Untergrunds in Warschau, Dr. Berman und Dr. Feiner. Diese Meldung gehört zu den wenigen geretteten Dokumenten aus dieser Zeit.

Wir bemühten uns, Juden zu retten – und Kollaborateure (Polen und Juden), die polnische Familien unter Druck gesetzt hatten, zu verfolgen. In einzelnen Fällen mußten unsere Freunde, die im Untergrund arbeiteten, Todesurteile verhängen. Menschen, denen es nur um das Vermögen der Juden und um das der Unterschlupf gewährenden Polen ging, wurden exekutiert. Es gab keinen anderen Weg. Sie waren ganz einfach Erpresser, Erpresser in einer scheußlichen Situation.

Auch ich bin gerettet worden

Ich bin gerettet worden – von einer mir bis heute unbekannten Frau, einer Polin. Darum verstehe ich auch, was die kleine Geste bedeutet, die kleine Geste, die man ungestraft unterlassen kann. Sie hat auch mein Leben gerettet.

Eine mir bis zum heutigen Tag unbekannte polnische Beamtin übernahm und öffnete im Postamt in Warschau einen Brief, der an die Gestapo gerichtet war. Der Schreiber klagte mich der Teilnahme an der Hilfsaktion der Juden an, nannte meinen Vor- und Zunamen, meine genaue Adresse. Dieser Brief wurde mir in meine Wohnung zugestellt. Selbstverständlich wechselte ich sofort die Wohnung, um dem anonymen Denunzianten zuvorzukommen. Unter Umständen wäre der Denunziant gefunden und hingerichtet worden, aber der Ausbruch des Warschauer Aufstandes am 1. August 1944 machte alle Bemühungen zunichte. Ich bin Realist, auch wenn ich an Träume glaube. Es gab doch viele persönliche Tragödien als Folge von Denunziationen. All das hat nichts mit Polen oder mit Juden zu tun. Das liegt in der menschlichen Natur. Wenn man heute über den Frieden spricht, muß man diese grundsätzliche Erfahrung mit einbeziehen. Man muß über den Menschen nachdenken und über das Böse, das ihn prägt.

„Um Himmels willen, eine Seuche“

63 Tage Warschauer Aufstand:
Freiheit für einen Liter Wodka und 40 Golddollar

Am 1. August 1944 begann in Warschau der Aufstand, getragen von der Heimatarmee unter dem Oberbefehl aus London. Wir wußten, daß uns verlustreiche Kämpfe, ja der Tod erwartete. Aber wir wollten unsere Hauptstadt selbst befreien.

15 bis 20 Kilometer vor der Stadt lag die Rote Armee. Für eine moderne Armee ist das keine große Entfernung. Die deutsche Armee befand sich im totalen Rückzug. Das war für uns die dritte Belagerung: erst die Stadtbelagerung beim Feldzug im Jahr 1939, dann im April 1943 der Kampf des Warschauer Gettos, der Juden. Jetzt der Warschauer Aufstand.

Die polnischen Offiziere beurteilten die Lage ähnlich wie Heinz Guderian, mit dem einen Unterschied: Guderian hatte Nachrichtendienst und Luftaufklärung, wir Polen nur den Nachrichtendienst und keinerlei Luftaufklärung. Ohne Luftaufklärung an der Front waren die polnischen AK-Stabsoffiziere zu den gleichen militärischen Lageergebnissen gekommen. Guderian hat allerdings die politische Lage nicht richtig beurteilt, denn er war nur Militär.

Höhere Weisung

Die Russen blieben da, wo sie standen. Sie rechneten damit, daß der Rest unserer polnischen Elite vollends verblutet, um ihnen die Übernahme zu erleichtern. Die schmutzige Arbeit überließen sie den Deutschen. Die Hauptstadt Polens wurde vernichtet. Es gab sogar eine Telefonverbindung zum russischen Hauptquartier. Die Russen ließen sich zwar informieren, legten dann aber auf. Sie betonten, sie seien erschöpft, doch in Wirklichkeit hatte sie höhere Weisungen. Es ist heute noch ein Skandal, daß auch die Amerikaner auf sowjetischen Flugplätzen nicht landen durften, um uns zu helfen. Sechs Wochen haben sie darum gekämpft, und dann war es zu spät. Dabei hatten die Amerikaner und die Engländer die Sowjets mit fast allem versorgt. Mit Konserven, Schuhen, Gürteln, Waffen, aber trotzdem ließen sie die Amerikaner nicht in der rückwärtigen Front landen.

Ich war damals 22 ½ Jahre alt. Aber mit der Erfahrung von vier Jahren Widerstand, mit der Erfahrung von Auschwitz, der Heimatarmee, der Judenhilfe, der Häftlingshilfe, der geheimen journalistischen Tätigkeit. Man könnte mich also nicht mit meinem Sohn vergleichen oder einem jungen Menschen aus Polen, Deutschland oder England, das ist völlig unmöglich. Das kann man auch nicht von den jungen Menschen und der neuen Generation verlangen. Ich bin deshalb nicht verbittert oder enttäuscht, ganz im Gegenteil. Ich möchte den jungen Menschen in allen Ländern Europas und der Welt das ersparen, was ich erleben mußte.

Leben retten

Was habe ich im Warschauer Aufstand getan? Der Aufstand ist Geschichte. Viel ist darüber geschrieben worden. Ich war im Kessel, im Stadtzentrum dabei, von Anfang an bis zum Ende, 63 Tage, 63 Nächte in der bombardierten Stadt. Ich war in einer Rundfunkstation des Oberkommandos der Heimatarmee, unseres Generalstabs, tätig. Eine unserer Rundfunkstationen. Es war keine Station für die Nachrichten, die ins Ausland gebracht wurden, sondern ein Stadtsender für die innere militärische Nachrichtenverbindung zwischen den einzelnen Stadtteilen. Das war sehr schwer, und wir arbeiteten Tag und Nacht, um so zu informieren, daß Verluste möglichst vermieden wurden. Um Blut zu sparen, Leben zu sparen. In der kleinen UKW-Rundfunkstation hatte ich einen Techniker und war sozusagen das Gehirn, eines der Gehirne vom Dienst. Jede Stunde sendeten wir Nachrichten. Alles, was in der Stadt passierte, gaben wir weiter. Die Angaben und Informationen, die Befehle. Was ein paar Straßen weiter geschah, wo man nicht mehr durchgehen konnte, ohne Opfer zu riskieren usw.

Ich bin überzeugt, daß wir menschliches Leben gerettet haben. Und ich habe das gerne gemacht. Ununterbrochen fast, mit nur drei bis vier Stunden Schlaf am Tag. Die einzigen Verbindungen waren praktisch die unterirdischen Kanäle, die Abwässerkanäle und der Rundfunk. Das Zentrum der Stadt hat am längsten gekämpft.

Paris wird befreit

Natürlich erinnere ich mich wieder, wenn ich heute durch Warschau gehe, an alles, was damals geschehen ist. Wir gaben damals auch ein vervielfältigtes Blatt von zwei oder vier Seiten Maschinenschrift heraus. Die Auflage zweimal täglich 500 bis 1000 Exemplare, um zwölf Uhr und um sechs Uhr nachmittags. Nachrichten aus der Stadt und Nachrichten aus der Welt für die Bevölkerung. Eines der vielen Bulletine der Heimatarmee. Ich war Chefredakteur und hatte nur wenige Mitarbeiter. Am wichtigsten waren für uns die Experten, die ausländische Radiostationen abhörten, englische, französische und alle möglichen Stationen.

Während des Warschauer Aufstandes, daran mußte ich immer wieder denken, wurde am 25. August 1944 Paris befreit. Das war ein riesiger Jubel bei uns, aber auch Enttäuschung darüber, daß wir Warschau nicht befreien konnten. Aber am Ende wurden wir alle in die Kriegsgefangenschaft geführt.

Meine persönliche Geschichte! Die alten Widerstandskämpfer wurden vor die Wahl gestellt, in Kriegsgefangenschaft zu gehen oder sich auf eigene Faust abzusetzen, sich also selbst aus der Armee zu entlassen. Ich habe mich zu der Gruppe gemeldet, die wieder in den Untergrund ging. Fast alle haben sich für die Kriegsgefangenschaft entschieden. Am 2. Oktober 1944 war Waffenstillstand, und die Truppen verließen am 4. und 5. Oktober die Stadt. Da konnte man sich schon frei, ohne Beschuß, bewegen. Wir entschlossen uns, weiterzumachen. Ein paar Tage überlebten wir in einem Krankenhaus. Wir meldeten uns als Hilfskräfte dort an. Dieses Spital sollte evakuiert werden. Es gab einfach kein Personal. Die Kranken und Verwundeten mußten ja versorgt werden. Auf Bahren trugen wir sie durch Ruinen und Barrikaden in Wehrmachtssanitätswagen. Die verwundeten polnischen Kriegsgefangenen wurden später in ein Lager in Zeithain/Sachsen gebracht. Auch ein paar Mädchen waren bei dieser schweren Arbeit dabei. Tonnen von menschlichen Körpern haben wir dorthin gebracht. Lebende Tonnen, aber noch lebende Menschen. Ich war zusammen mit ein paar Offizieren aus dem Nachrichtendienst des Stabes unserer Armee.

Freiwillig in die Falle?

Es wurden noch sehr viele Greuelgeschichten erzählt über die Deutschen, und die meisten waren sogar wahr. Aber wenn es um die Menschen, um die Kriegsgefangenen ging, so haben die Deutschen damals Wort gehalten. Aber nicht, was die Stadt angeht. Sie wurde in einem Racheakt furchtbar zugerichtet, ja fast vollständig vernichtet, fast vollständig verbrannt und in die Luft gesprengt. Ich habe kein Vertrauen gehabt. Ich hatte schon die Drahtkrankheit. Ich wollte schon nichts mehr zu tun haben mit Wachleuten in deutschen Uniformen und mit Stacheldraht. Ich war in Auschwitz – und das war für mich Alptraum genug. Ich habe mir immer gesagt, Mensch, du willst freiwillig in eine Falle gehen – und an einem Tag werden alle vergast.

Nur noch Verwundete

Damals wußte ich nicht, ob meine Eltern noch lebten, denn sie waren ja in der Stadt geblieben. Sie wußten auch nichts von mir. Ich verließ also Warschau, aber das ist wieder eine eigene Geschichte, die fast so klingt wie die des Hauptmanns von Köpenick.

Wir waren 13 Personen, nur erfahrene Widerstandskämpfer aus der Heimatarmee, Leute, die jahrelang im Untergrund der Stadt gearbeitet hatten. Wir nahmen alles mit, sogar unser Archivmaterial und einen Teil des Vermögens der Heimatarmee. Wir waren bandagiert. Ich hatte 40000 oder 50000 Dollar am

Körper. Wir hatten alle Adressen, wo wir außerhalb von Warschau hingehen konnten, chiffriert oder auswendig gelernt. Und dann warteten wir vor einem Hotel auf die deutschen Sanitätswagen. Wir waren nicht krank, aber wir sahen in unseren Binden so aus. Wir hatten echte Papiere. Wir haben das Rote Kreuz nicht mißbraucht. Dem polnischen Arzt, dem wir geholfen hatten, sagten wir: „Mein Lieber, wir müssen jetzt verschwinden", und er sagte: „Na bitte, Sie haben ja geholfen." Und dann waren wir eben weg. Die Gruppe leitete Kazimierz Moczarski, der nach dem Krieg als Journalist bekannt wurde. Sein Buch „Gespräche mit dem Henker" erschien auch in Deutschland. Er und ein Rechtsanwalt aus Krakau, Adam Dobrowolski, der fließend Deutsch sprach und früher in Auschwitz war, gingen zur Wehrmachtskommandantur im Hotel „Polonia" in der Warschauer Innenstadt. Sie sprachen dort mit dem Hauptmann und sagten: „Wir sind eine Sanitätskolonne, wir müssen sofort zum Lager Pruszkow. Dort ist Fleckfieber ausgebrochen, wir müssen desinfizieren. Wir haben einen Auftrag. Hier sind unsere Papiere, sehen Sie: Sanitätsdienst, 13 Personen. Wir brauchen sofort einen Wagen."

„Aber ich habe gar keinen Wagen", sagte der Hauptmann. Und da haben wir eben gewartet, mit den Hunderttausenden von Dollar, mit Millionen von Reichsmark, Millionen von polnischem Geld, mit gefälschten Pässen und Archivmaterial.

Fleckfieber

Wir hörten die Kanonen an der Front, Panzer fuhren umher, Polizisten standen um uns herum. Und wir waren in der Gruppe und warteten. Und in einer Stunde hatte der Rechtsanwalt und unser Gruppenführer so einen Krawall gemacht. Sie sagten: „Was ist los? Ich werde Sie persönlich verantwortlich machen! Die Seuche wird sich ausbreiten, was denken Sie eigentlich, wozu Sie hier sind?" Und dann kam ein Wagen. Der Chauffeur wurde beauftragt, uns ins Lager zu bringen. Das Lager, in dem scheinbar Fleckfieber ausgebrochen war. Der Fahrer war ein junger deutscher Soldat. Wir stiegen ein, ich setzte mich ganz nach hinten, denn ich hatte immer Angst. „Wenn sie mich festnehmen", so dachte ich mir, „dann werde ich sofort fliehen. Lieber auf der Flucht getötet werden."

An der Stadtgrenze war eine Kontrollstelle der Gestapo. Ich weiß die Stelle noch heute ganz genau. Auch auf diese Kontrolle waren wir vorbereitet. Die Gestapo vernahm dort einzelne Polen, um die Offiziere herauszufiltern, die aus der Stadt zu fliehen versuchten. Dort hieß es, raus, alle raus. Wir öffneten den Wagen, sprangen heraus. Der Chauffeur gab einige Erklärungen und sagte: „Mensch, es ist eilig, laß das doch", überredete sie ein bißchen. Der Rechtsanwalt hatte ihn nämlich schon in der Fahrerkabine für sich eingenommen. Also, was haben Sie, fragte die Gestapo, und wir sagten, persönliche Sachen, Desinfektionsmaterial. Ich sprang heraus und sagte eifrig: „Soll ich öffnen, sollen wir heraus?" Höflich, ergeben, ja. Einer flüsterte mir zu: „Bist du verrückt geworden?" Ich meinte: „Ganz im Gegenteil." Ich wollte auf meine Weise die Wache überreden. Ich habe tief geatmet. Es gab intensive Gespräche. Und dann durften wir plötzlich weiterfahren.

So war alles in Ordnung

Ich bleibe also hinten im Wagen und plötzlich bleibt der Wagen in einer kleinen Gasse stehen. Der Chauffeur verschwindet. Mein Freund kommt aus dem Fahrerhaus und sagt: „Schnell, alle raus, mit allem Gepäck ab. Ich werde euch nachher sagen, was passiert ist." Ein Liter Wodka, 40 Golddollar – er wollte kein Papiergeld –, Reichsmark wollte er auch nicht. Die hat der Fahrer im Rucksack mitgenommen. Mein Freund hat ihn auf seine Art und Weise überredet. „Also Scheiße", sagte er, „wir müssen raus. Lassen Sie uns ein paar Minuten in Ruhe, und dann verschwinden wir." Er hatte keine Liste, er brauchte keine Bestätigung, uns im Lager abgesetzt zu haben. Gott sei Dank. So war alles in Ordnung. Er fuhr zurück, und wir waren frei. Taktvoll entfernten wir uns. Das war am Ende des Krieges schon möglich. Aber was wäre gewesen, wenn er nicht gewollt hätte? Aber wir sagten ihm, da sind Frauen, die haben Familien, die haben genug gelitten, laßt uns in Ruhe. Er nahm den Schnaps und das Geld, und weg war er. Es gab so viel

Korruption am Ende des Krieges. Jeder wollte sich in Sicherheit bringen.

Wir hatten unsere Kontaktadressen in der Ortschaft und teilten uns. Ich habe drei Tage lang in einem kleinen Häuschen am Rande des Dorfes bei einer alten Lehrerin mit zwei Kollegen die Zeit abgewartet. Inzwischen hatten wir neue Papiere erhalten. Am 12. Oktober spätabends sind wir dann nach Krakau gekommen. Ich habe dort die erste Nacht privat bei einem Kollegen gewohnt und in Krakau dann konspirativ weitergearbeitet.

Eine ganz andere Stadt

Krakau. Was kann man dazu sagen? Das war eine ganz andere Stadt. Wir hatten 63 Tage im Warschauer Aufstand gekämpft, waren verwundet, verfolgt, bombardiert worden. Aber wir hatten frei gelebt. Wir hatten unsere Selbstverwaltung, unsere Behörden, unser Oberkommando, unseren geheimen Staat. Wir hatten unsere Kulturhäuser, unsere Konzerte, unsere Bühne. Aber Krakau war düster, das war der Sitz des Generalgouverneurs Hans Frank. In keiner anderen polnischen Stadt gab es so viele deutsche Behörden. Es wimmelte von Deutschen in Uniform.

Die ersten Tage in Krakau waren ein Alptraum für mich. Aus der Freiheit plötzlich wieder in die Besatzungszone. Aber ich hatte einen Auftrag, ich lernte mich anzupassen. Das Zentralorgan der Heimatarmee, das Wochenblatt „Biuletyn Informacyjny", das vorher in Warschau erschien, wurde jetzt in Krakau zusammengestellt. Ich war der Redaktionssekretär dieses Bulletins.

Inzwischen erfuhren wir, daß die Zerstörungen in Warschau weitergingen, daß die alten Kulturdenkmäler in die Luft gesprengt wurden. Es waren besonders vier Objekte, bei denen es uns schwer ums Herz wurde, um die wir weinten, deren Zerstörung uns persönlich berührte: unsere Kathedrale, die Johannes-Kathedrale in der Altstadt, sowie der Christus in der Krakauer Vorstadt mit dem Kreuz, der absichtlich abgeschossen wurde. Und was ich besonders grotesk finde: das Palais Brühl, eines der schönsten Denkmäler der deutschen Baukunst in Warschau. Die

Nazis sagten immer, Warschau sei eine deutsche Stadt. Aber warum haben sie dann das Palais Brühl in die Luft gesprengt? Das war des Sitz des Gouverneurs Fischer, vor dem Krieg das polnische Außenministerium. Dann staunten die Deutschen, daß die Russen in einer Stadt ein paar Häuser verbrennen, wenn sie selbst die wertvollsten Schätze ihrer Kultur brutal und sinnlos zerstören ... Und schließlich wurde auch das Grab des unbekannten Soldaten bis auf die Grundmauern zerstört. Das sind keine Menschen, sagten wir, das sind Barbaren.

„Wir fahren nach Auschwitz ...“

Der Doktor mit den falschen Papieren – „Befreiung“ durch die Russen

Frühmorgens, am 6. Januar 1945, es war noch dunkel, kam die deutsche Polizei: „Papiere! Anziehen, mitkommen!“ Das hatte ich schon geahnt. Das war der Anfang – und das Ende konnte schrecklich sein.

Ich hatte in Krakau ganz legal mit falschen Papieren gelebt. Ich konnte auch einen Arbeitsplatz nachweisen. Bei einer älteren Dame, einer aus Oberschlesien ausgesiedelten Lehrerin, hatte ich ein Zimmer gemietet. Aus Sicherheitsgründen benutzte ich dieses Zimmer nur nachts, ging tagsüber meiner konspirativen Tätigkeit für die Heimatarmee nach. Die Frau nahm mich auf wie ihren Sohn, der in der Heimatarmee tätig war.

Ein brauner und ein schwarzer Schuh

Die Polizei schaute in Schubladen und in Schränke. Neben dem Bett stand eine Tasche mit schmutziger Wäsche. Ein alleinstehender Mann, schmutzige Hemden, na ja. In der Tasche war ein Geheimversteck mit dem gesamten Material für das neue Bulletin, in sauberer Maschinenschrift. Ich dachte, das sind die letzten Tage des Krieges – und wenn sie jetzt diese Sachen finden, werden das meine letzten Tage sein. In meiner Aufregung zog ich einen schwarzen und einen braunen Schuh an. Ich bemerkte es erst auf der Straße. Ich habe immer Angst gehabt. So auch jetzt. Ich beneide die Menschen, die keine Angst haben. (Es gibt sie.) Ich kam in eine Art Durchgangslager, in ein riesiges Lager für ein paar tausend Leute. Betrunkene Ukrainer als Bewacher. Wir wurden relativ gut versorgt, mit Eintopf, Kaffee, Brot. Es reichte. Wir hatten zumindest keinen Hunger. Hauptziel dieser Säuberungsaktion waren wiederum die Warschauer, die sich nach dem Aufstand in Krakau aufhielten. Die Deutschen hatten Angst vor einem neuen Aufstand, in Krakau, durch die Warschauer.

Angst vor „U"

Ich stand immer noch im Dienst der Heimatarmee und erhielt sofort Hilfe von meinen Vorgesetzten im Widerstand. Eine Beobachtungsgruppe des Roten Kreuzes kam ins Lager. Eines unserer Verbindungsmädchen war dabei, die blonde Kasia. Ich bat sie um einen Ausweis als Krankenhelfer, um Geld und um Arzneimittel. So hatte ich bald eine große Sanitätstasche mit Arzneien, Privatpapieren, Dollars, Reichsmark und Zloty. Ich hielt nichts davon, ins Reich zu gehen, um unterwegs im Zug noch bombardiert zu werden und umzukommen. So meldete ich mich bei der Lagerverwaltung als Sanitätskraft, und die Deutschen fragten: „Wo haben Sie gearbeitet?" Ich sagte: „In einem Rot-Kreuz-Spital in Warschau." „Wie lange?" „Na ja, Schule, Kurse, Rot-Kreuz-Kurse ..."

Die Menschen bekamen verschiedene Buchstaben. Ich erhielt ein „U". Auf dem Tisch lagen interne Formulare mit den Erklärungen der Zeichen. Ich nahm in einem unbewachten Augenblick ein Papier an mich und übergab es später unserer Widerstandsbewegung. „U" hieß Umsiedlung. Das war nicht sehr schlimm, aber das konnte auch eine Art „Umsiedlung" von Juden bedeuten. Das war schon schlimmer. Da sah ich, daß nur die alten Leute „U" hatten. Um Gottes willen, also auch noch arbeitsunfähig. Die Banditen könnten mich am Ende noch ermorden ...

Die ukrainischen Wächter lungerten den ganzen Tag herum, waren betrunken, hatten Angst. Aber behandelt wurden wir nicht schlecht. Auch die Deutschen warteten natürlich auf das Ende. Die meisten waren schon aus der Stadt evakuiert worden.

Sie sind doch Deutscher und Christ

Auf einem Güterbahnhof in Krakau wurden wir eingeladen, rund 600 Menschen. Die Hälfte Frauen, die Hälfte Männer. Ich war der einzige jüngere Mann im ganzen Zug – mit der Sanitätstasche. Ich fragte die Leute, ob sie Schmerzen oder Fieber haben. „Herr Doktor", sagten sie. „Aber ich bin ja kein Doktor", aber die Leute sagten: „Ja doch, Mediziner schon, Herr Kandidat ..." Ich habe auf jede mögliche Weise den Menschen im Zug geholfen.

Plötzlich merkte ich mit Schrecken, in welche Richtung wir fuhren. In Richtung Auschwitz. Immer weiter. Ich traf einen Polizisten aus Lódź, sprach ihn an: „Was ist das bitte für eine Schweinerei. Sie sind doch ein Deutscher aus Lódź, ein Christ?" „Ich bin kein Bandit", sagte er.

Und ich: „Wohin fahren wir denn? Wir fahren doch nach Auschwitz! Wissen Sie, was Auschwitz ist?"

„Was sagen Sie?" sagte der Polizist, und ich entgegnete ihm: „Ja, sicher, wir fahren nach Auschwitz! Wie können Sie das verantworten? Bei all diesen alten Leuten!"

„Was für Märchen", sagte er. Aber ich sagte: „Ich weiß es, ich sehe, wir fahren nach Auschwitz. Wissen Sie, was dort geschieht?"

Er bekam Angst. Wir wußten alle damals schon viel über Auschwitz, über die Methoden, die Folterungen, Hunger, Tod, Erschießungen, die vielen Züge, die aus ganz Europa hier ankamen, um die Menschen ins Gas zu schicken. Aber wir kannten die riesige Zahl der Ermordeten noch nicht. Der Polizist war beunruhigt: „Ich werde fragen", versprach er. Er kam nach einer halben Stunde zurück und gab die Auskunft: „Wir fahren in einen Kurort." „Man hat Sie angelogen", sagte ich.

Kurort, das war für mich ein böses Signal.

Ein Priester, ein paar Damen und deutsche Polizei

Ich wurde immer unruhiger. „Die Zeugen sind auch verdächtig. Sie sind Zeuge. Man weiß nie, wie der Krieg ausgeht." „Mein Herr", sagte er, „ich schwöre, ich gebe Ihnen mein Ehrenwort, wir fahren in einen Kurort."

Baden, Kurort, Duschen, Sauna, das kannte ich von Auschwitz her. Ich habe zuviel gewußt. Ich war unruhig, sagte aber niemandem etwas. Ich wollte die Leute nicht beunruhigen. Und plötzlich merkte ich, wir ändern die Richtung. Wir fuhren an

Auschwitz vorbei und kamen in Makow Podhalanski an. Am Bahnhof lag Schnee, zehn Grad Kälte, Winter. Später Nachmittag war es, im Januar, schon fast dunkel. Auf dem Bahnsteig stehen ein Priester, ein paar Damen, sehr gut angezogen, Deutsche in Uniform, auch Polizei. Ein Polizeioffizier nimmt den Transport ab. Ich lausche den Gesprächen auf dem Bahnsteig. Der Polizeioffizier ist höchst unfreundlich zu seinen Kollegen aus Krakau. Er sagt: „Was haben Sie für Leute gebracht, wir sind doch voll." „Was für ein Dreck, was soll ich machen?"

„Wieviel denn?" „Na ja, einige hundert mit Kindern." Es war am 12. Januar, abends.

Der Offizier sagte: „Sie werden im Arbeitsamt registriert. Sie bekommen dann eine Arbeitsstelle." Er gibt keine besonderen Vorschriften für die Gruppe. Sie dürfen aber Makow nicht verlassen. Egal, ob Frau, Mann oder Kind. Sofortiger Vollzug der Todesstrafe an jedem, der Makow verläßt. Sie sind nicht verhaftet, aber sie dürfen die Ortsgrenze nicht überschreiten. Alle wurden in kurzer Zeit an die verschiedenen Häuser des Ortes verteilt. Einige kamen in die Schule. Ich selber wurde in die Familie eines Apothekers gebracht, nicht schlecht. Der falsche Herr Doktor beim Apotheker.

Ich hatte gegen die Deutschen gekämpft. Und ich wurde entsprechend behandelt: „Nehmen Sie doch noch etwas, Herr Doktor ...", ich war praktisch zu einem Symbol unseres Widerstandes geworden.

Auftrag von der Armee

Meine erste Frage: „Wie komme ich nach Krakau?" „Um Gottes willen, denken Sie an die Todesstrafe." Aber ich sagte: „Ich habe einen Auftrag von meinen Vorgesetzten, ich muß nach Krakau." „Dann müssen wir falsche Papiere besorgen." Der Pfarrer besorgte mir das Papier. Vom Hilfskomitee von Makow unterschrieben: „Herr Bartoszewski wird beauftragt, nach Krakau zu reisen und Medikamente zu besorgen." Nichts Besonderes.

Die deutschen Behörden wurden gebeten, mich in jeder Weise

zu unterstützen. Ein polnisches Dokument, in deutscher Sprache geschrieben, mit einem großen Stempel.

Frühmorgens ging ich dann von der Apotheke aus zum Zug. Ältere Herren standen schon in der Nähe der Bahnstation herum, warteten offensichtlich auf den Zug und sagten: „Herr Doktor, kennen Sie die Verbindungen nach Krakau? Wir wollen auch nach Krakau. Also bleiben wir zusammen."

Der Zug kam. Es gab keine Kontrolle. Aber er brauchte lange, blieb immer wieder stehen. Am Krakauer Hauptbahnhof wurden zu dieser frühen Zeit bereits Razzien durchgeführt. Ich stieg vorher am Güterbahnhof aus, ging zu polnischen Eisenbahnern, die in einer Baracke am Ofen saßen und Kräutertee tranken. „Wir sind Warschauer und wollen hier übernachten, bis die Polizeistunde vorbei ist." Sie machten uns Platz und gaben uns Tee. Bis in den frühen Morgen blieben wir dort sitzen und schliefen ein.

Die Russen kommen

So kam ich nach Krakau und meldete mich am gleichen Tag bei dem Chef der Einheit. Und am 14. Januar war ich schon wieder im Dienst.

Ich habe in Krakau die Befreiung erlebt, die Befreiung durch die Russen, am 18. Januar 1945. Ich war in der letzten Stunde gerettet worden.

Glücklich war ich aber nicht, als ich die Truppen in die Stadt einziehen sah. Bald wurden auch die zwei Stockwerke großen, riesigen Portraits der stalinistischen Führer aufgestellt, unserer neuen Befreier: vor den Tuchhallen, auf dem Marktplatz, dem ehemaligen Adolf-Hitler-Platz, vor der Marien-Kirche. Halbwilde Elemente streunten durch die Stadt, Randelemente, wie Kriminelle. Leute, denen man nachts ungern alleine begegnet.

In der zweiten Februarhälfte 1945 ging ich nach Warschau zurück, lebte außerhalb der Stadt und hatte eine konspirative Wohnung im Stadtzentrum. Ich schlief auf dem Fußboden. Meine Wohnung war abgebrannt, zusammen mit ein paar tausend Büchern. Meine Familie war zerstreut.

Nach der Konferenz von Jalta im Februar 1945 dachte ich, es

bestehe im besten Fall die Möglichkeit eines anderen Polen. Schon eine gewisse Beherrschung durch den großen Nachbarn, aber immerhin demokratisch und frei regiert.

Am 28. Juni 1945 wurde in Warschau die neue Regierung installiert. Im Juli zogen die Engländer und die Amerikaner und fast alle anderen die Anerkennung der Londoner Regierung zurück. So wußten alle denkenden Menschen, was passieren würde. Niemand wird uns helfen. Es wird noch einige Jahre so bleiben. Doch niemand dachte an Jahrzehnte ...

Die ganze Welt ist gegen uns

Was sollte ich tun? In der Stadt bleiben, oder nach Westen gehen? Ich war ziemlich kaputt. Mein Leben, so dachte ich damals, ist schon vorbei. Junge Leute in meinem Alter haben andere Ideen, hatten nicht das gleiche mitgemacht, hatten nicht die gleichen Erfahrungen. Das Jahr 1945 bedeutete für mich noch mehr als die deutsche Besatzungszeit, keinen psychologischen Höhepunkt. Die ganze Welt war praktisch mit uns und unserem Recht gewesen, und jetzt plötzlich stand die ganze Welt gegen uns. Gegen die Sache der Freiheit und der Demokratie. Anfangs hatte ich Angst, die Russen würden uns in ihr Reich holen wie die Balten. Dann begann die große Umsiedlungsaktion; die polnischen Heimatvertriebenen aus Litauen, Galizien, Weißrußland und der Ukraine kamen nach Niederschlesien und Pommern. Für uns war das ein schwacher Trost. Wir wußten aber, daß die Russen keine Polen in ihren Grenzgebieten wollten. Polen hatte auch damit eine Chance, wenigstens äußerlich als Staat zu bestehen. Inzwischen war unter russischer Schutzherrschaft ein polnischer Sicherheitsdienst aufgebaut worden. 1945 sollte ein neuer Anfang sein, aber wir machten uns keine Illusionen.

„Ich laufe in eine Falle"

Mein Leben in stalinistischen Gefängnissen

Am 15. November 1946 lief ich in eine Falle, wurde verhaftet: von den polnischen Sicherheitsbehörden, in der Wohnung einer befreundeten Familie. Die Polizisten waren überglücklich, daß sie mich gefunden hatten. Ich war vorher schon zweimal festgenommen worden, aber in beiden Fällen nur zwei Tage in Haft gewesen.

Sie wollten mich überreden. Schließlich war es dann am 15. November 1946 so weit. Ich war endgültig wieder in der Haft eines Warschauer Gefängnisses. Eineinhalb Jahre ohne Anwalt, ohne Familienkontakt, ohne Familienbesuch, ohne Zeitungen, ohne Bücher, total isoliert. Unter dem Vorwand meiner Kontakte zu einem zum Tode verurteilten Polen, der 1947 auch exekutiert wurde, wollten sie mir einen Spionage-Prozeß machen. Sie wußten, daß ich ihn ein paarmal getroffen hatte, daß er mich in der Redaktion besuchte. Ich kannte ihn aus der Heimatarmee. Er war im Außenministerium beschäftigt, aber er hatte Verbindungen zur amerikanischen Botschaft. Ich sollte Verbindungsmann sein. In Wirklichkeit aber störte die Partei vor allem meine politische Tätigkeit auf dem Lande.

Ältere Leute wurden nach diesen Erfahrungen total gebrochen. Ich nicht. Im Vergleich zu Auschwitz ging es mir nicht schlecht. Ich sehe heute alles relativ, obwohl meine Frau immer wieder sagt: „Du kannst nicht alles mit Auschwitz vergleichen." Meine Antwort: „Ja, sicherlich, das kann man nicht, aber hier gibt es doch keine Gaskammern."

Nichts dauert ewig, so habe ich immer gedacht. An Weihnachten 1946 war ich allein in meiner Zelle. Später kam ich dann in eine große Zelle, mit 70, 80, 90 bis 100 Personen. Die Zeit war lehrreich für mich. Die Erfahrungen mit Menschen verschiedenster Weltanschauungen, mit Rechtsnationalen, mit Sozialdemokraten, mit Mitgliedern der Bauernpartei, mit Offizieren, Unteroffizieren, mit Menschen vom Osten, vom Westen, mit Offizieren von anderen Armeen, die überall in der Welt für Polen gekämpft hatten, mit Halbwüchsigen, mit alten Professoren, mit vielen polnischen katholischen Priestern.

Ich habe in der Gefängniszelle gebeichtet, meine ganze Lebensbeichte abgelegt, für alle Fälle. Wir haben auch Vorlesungen in der Zelle gehalten. Arbeiten mußte ich nicht. Politische Gefangene durften in Untersuchungshaft nicht arbeiten, kleine Diebe schon, wir aber nicht. Kleine Diebe sind im übrigen im Gefängnis immer sehr beliebte Leute, sie machen was, sie bringen was, sie handeln was, sie haben eine Idee. Ein kleiner Dieb ist immer erwünscht. Auch ein kleiner Gauner ist sehr erwünscht. Sogar ein Sittenstrolch, das ist eine menschliche Sache, wenn nicht gerade ein Kind umgebracht wurde, hatte man dort großes Verständnis dafür. Unter diesen Menschen, also unter den Wachmannschaften, waren sie sehr beliebt, das waren ja noch keine Verbrecher. Aber die Politischen waren es. Mit Politik wollten die Wachmannschaften nichts zu tun haben. Da hatten sie Angst.

Suppe und Brot

Es gab aber auch schon den offenen Terror bei uns. Geschlagen wurde relativ wenig. Ich wurde zwar grob mißhandelt, die Nase wurde mir zerquetscht. Mit der Nase an die Wand geschlagen. Es war aber in vielen Fällen noch schlimmer. Es gab andere Methoden. Zum Beispiel sieben Tage und sieben Nächte ununterbrochen Verhöre, vor mehreren Personen, vom 5. bis 12. Mai 1947. Ich erinnere mich noch an jedes Detail. Von Zeit zu Zeit wurde ich grob beleidigt, aber nicht geprügelt. Während des Verhörs wurde mir das Essen gebracht. Obwohl ich gar nicht wollte: Wasser, Suppe, Brot, Ersatzkaffee. Es war ein Versuch, mich zu brechen, aber ich habe nicht nachgegeben, ich habe nicht ausgesagt.

Das war die Probe, und nach der Probe ließen sie mich schon in Ruhe. Sie wollten Namen und die Autoren von Texten wissen, und sie sagten immer: „Schau mal Junge, guck mal in den Aktenschrank, wieviel Akten wir über dich haben, wir wissen alles, du kannst uns ruhig alles erzählen, du kannst dein Gewissen erleichtern. Es bringt nicht viel. Aber es wird dir nützen. Du hast ja schon Verschiedenes über dich gesagt, und wir wissen eigentlich auch alles. Je schneller, desto besser. Sei froh, daß du bei uns bist. Wir schützen dich." Und ich muß sagen, obwohl damals viele Juden Diener des Systems waren, bin ich nie von einem Juden vernommen worden. Die Mehrzahl der Mitgefangenen schon. Ich traf auf Polen, dumme und primitive Leute, Halbgebildete.

Ich glaube, die jüdischen Kommunisten kannten meine Rolle während der Zeit der Okkupation. Sie wußten, daß ich den Juden geholfen hatte. Das hätte sie doch so ein bißchen in Verlegenheit bringen können. Die denken ja sachlich: Das ist doch ein Mann, der uns geholfen hat, ein Demokrat, kein Faschist. Er ist vielleicht gar nicht so schlimm ...

Lebensversuche

Es gab keinen Prozeß. Ich wurde am 10. April 1948, nach eineinhalb Jahren Haft, entlassen. Dank des Einsatzes wichtiger Personen, mit denen ich im Widerstand in der Hilfsorganisation für die Juden zusammengearbeitet hatte. Am 10. April versuchte ich, wieder zu leben. Ganz normal zu leben. Ich war 26 Jahre alt, bitter, erfahren, mein Leben zum Teil verpfuscht. Jetzt versuchte ich, Arbeit zu finden. Es gab zwar viele offene Arbeitsstellen und einen Mangel an intelligenten jungen Leuten. Es hatte ja riesige Verluste an Menschenleben in der Stadt gegeben. Aber wenn ich irgendwo ein paar Wochen gearbeitet hatte, dann wurde mir gesagt: „Wir müssen Ihnen leider kündigen, da war doch etwas bei Ihnen." „Ich war aber unschuldig im Gefängnis", sagte ich. „Ich bin nicht vorbestraft." „Aber", so sagten sie, „nein, vorbestraft nicht gerade, aber bitte gehen Sie, wir können Sie nicht weiterbeschäftigen." Ich habe unter sehr schwierigen Umständen gelebt und oft Hunger gehabt. Menschen haben mir geholfen. Für zwei neue Verlagshäuser prüfte ich deutsche Bücher, die ins Polnische übersetzt werden sollten. Gelegentlich habe ich im Büro der Holzindustrie gearbeitet. Meine Spezialität war der Vertrieb von Toilettendeckeln. Gleichzeitig begann ich meine Universitätsstudien.

Nach einem Jahr gab es eine politische Verschlechterung. Tito versuchte seinen eigenen Kurs. 1948/49 gab es Verhaftungen in Bulgarien, Rumänien, Ungarn, Proteste, Krisen. Und dann kam Ende 1949 mit dem neuen Oberkommandierenden der polnischen Streitkräfte, Marschall Rokossowski, die Säuberungswelle.

Gleichgeschaltet

Als die Bauernpartei gleichgeschaltet wurde, war auch mein Arbeitsverhältnis als Journalist beendet. Vor meiner Verhaftung hatte ich bei einer Tageszeitung gearbeitet, dem offiziellen Organ der Bauernpartei, der einzigen Oppositionszeitung, die vom ganzen Volk unterstützt wurde. Von Bauern und Intellektuellen.

Neben meiner Arbeit als Journalist setzte mich das Führungskomitee für eine ganze Reihe von Arbeiten ein. Ich hatte viel Zeit. An jedem Sonntag im Jahr 1946 war ich auf dem Lande und sprach vor den Bauern. Ringsum standen Sicherheitsleute. Ich war Propagandafunktionär der Parteispitze der Bauernpartei für einen Umkreis von 100 Kilometern von Warschau. Immer mit dem Wagen unterwegs, mit einem amerikanischen Jeep, immer verfolgt von den Sicherheitskräften und entsprechend beobachtet. Ich hatte einen alten erfahrenen Chauffeur aus der Armee und hielt etwa solche Reden: „Kollegen, Bauern, Kolleginnen. Ihr sollt nicht vergessen, daß wir alles, was wir hier sehen, den Russen verdanken. Alles verdanken wir den Russen."

Man hat die Ironie natürlich gut verstanden. Alle haben gelacht.

Später fragte man mich: „Warum haben Sie das gesagt? Warum haben die Leute laut gelacht und noch geklatscht?" Natürlich wußte es jeder: Unfreiheit und Unordnung, alles verdanken wir der russischen Armee.

Oft waren 500 oder 1000 Menschen auf den Versammlungen unter freiem Himmel. Ich stand dann meist auf einer Landwirtschaftsmaschine, und wir brachten auch unsere grünen Fahnen mit.

Die Mutter Gottes spielte wie immer in Polen eine große Rolle. Neue Fahnen mit dem Mutter-Gottes-Bild wurden hergestellt und zogen in die Kirche ein. Sie wurden geweiht, und jedes Mal wurde eine Versammlung veranstaltet. Auch damals hat uns die Kirche ihren Schutz gegeben.

„Sie werden verfaulen"

Mit einem Mönch und einem Gestapochef im Gefängnis

Mitten in Warschau, 14. Dezember 1949.

Ein Herr kommt auf mich zu und sagt: „Herr Bartoszewski, kommen Sie ins Sicherheitsministerium, zur Sicherheitspolizei. Wir wollen mit Ihnen ein bißchen sprechen."

„Wann?"

„Sofort."

„Ist das eine Verhaftung?"

„Nein, wo denken Sie hin, nur ein bißchen unterhalten."

„Ja, es ist niemand in meiner Wohnung, kommen Sie doch mit", sagte ich. „Ich werde ein Handtuch nehmen, Wäsche. Ehrenwort, ich bin gleich wieder da."

„Es ist nicht erlaubt", antwortete er.

Diese Zeit dauerte dann fünf Jahre. In der ersten Nacht, in einem Verhör von 20 Stunden sagten sie: „Bartoszewski, diesmal werden Sie zehn Jahre bekommen."

„So", sagte ich.

„Ja, ich weiß Bescheid", sagte er.

Dann redete er ein bißchen mit mir. „Erste Kontakte, Ausland?"

„Keine", sagte ich. „Von wem reden Sie?"

„Sie machen Scherze, Bartoszewski, Sie waren in Auschwitz, Sie waren in Haft. Sie sind doch kein Dummkopf. Helfen Sie uns doch. Dann wird es Ihnen nicht so schlecht gehen."

„Sie werden in einer Zelle verfaulen", sagte man mir. „Sie werden nicht rauskommen, nur sitzen." Und dann sagte mir der Vernehmungsbeamte ganz offen, im Namen der Behörden: „Wir haben Fehler gemacht bei Ihnen, Herr Bartoszewski. Wir haben Sie entlassen. Das hätten wir nicht tun dürfen. Aber der

Fehler wird sich jetzt nicht mehr wiederholen. Da können Sie ganz sicher sein."

Der Vernehmungsoffizier bat mich, aus dem Fenster zu sehen, auf eine Bushaltestelle. Aus dem Autobus stiegen etwa 40 Leute aus. Um seine Macht zu zeigen, sagte er: „Sehen Sie, es wäre leicht, alle Insassen zu verhaften. Sie alle würden ihre Schuld gestehen. Was zögern Sie also noch?"

Dann wurde ich in den Keller gebracht und war mit sechs oder zehn Personen zusammen. Eine Pritsche, ein Strohsack, Kübel, ohne Spaziergang, ohne Hof, ohne Pakete. Die Verpflegung war miserabel, aber verhungert bin ich nicht: ein Stück Brot, Tee oder Kaffee. Die elektrische Beleuchtung brannte Tag und Nacht. Ich habe seitdem ständig Augenschmerzen und muß täglich Medikamente nehmen. Es ist schon chronisch geworden.

Ich war genau von Dezember 1949 bis 12. Mai 1951, also 18 Monate, im Keller dieses Hauses, mit den Schreien von Menschen, Menschen, die mit blutenden Händen reinkamen, aber auch mit vielen persönlichen Gesprächen. Sie haben mit mir wortwörtlich das gemacht, was sie gesagt haben. Sie haben mich monatelang nicht zum Verhör geholt.

„Sie haben gehört, was wir gesagt haben", sagten sie, „willst Du was tun?"

„Nein", sagte ich.

Also wurde ich wieder zurückgebracht.

„Wir haben Zeit", sagten sie. „Mangel an Suppe haben wir nicht. Sie werden unter Umständen sogar lebenslänglich bleiben. Ihre Suppe können Sie trotzdem bekommen."

Nach vielen Monaten, so ungefähr nach einem Jahr, haben sie mich nach oben gebracht, mir ein Formular gezeigt. Sie möchten mich entlassen, aber sie bräuchten Sicherheit, daß ich nichts mehr gegen sie unternehmen wolle.

Das war es also, wie ich vermutet hatte: Ich sollte als Spitzel für den Sicherheitsdienst arbeiten. Das war das gedruckte Formular. Ich sagte: „Das ist nicht mein Beruf."

Aber sie antworteten: „Das werden Sie schon lernen, kein Problem. Sie sind ja schon Fachmann. Sonst bleiben Sie drin. Wir haben Mitleid mit Ihnen. Sonst werden Sie sitzen."

„Ich habe Mitleid mit Ihnen", sagte ich. Und er schlug mich

so, daß meine Brille runterfiel. Er hat mich zwar mißhandelt, aber nicht gefoltert und gequält. Viele andere wurden gefoltert.

Spion?

Als ich dann 16 Monate in Haft war, luden sie mich ein und sagten: „Was hätten Sie denn gemacht, Bartoszewski, wenn sich bei Ihnen jemand von London gemeldet hätte?"

Und ich sagte: „Ich habe nicht die Absicht zu konspirieren." Aber sie antworteten: „Hätten Sie sich gemeldet?"

„Das ist nicht meine Rolle. Das ist die Aufgabe der Polizei."

„Nun ja", sagten sie, „deswegen sitzen Sie. Denn wir sind nicht sicher. Sie sind potentiell ein Spion, und Sie werden deshalb hierbleiben."

Ich sagte: „Na ja, wenn Sie so denken!"

Ich blieb also weiter. In den letzten Monaten von November 1950 auf 51 bis Mai 1951 war ich mit drei Personen in Haft: Mit einem Paulinerpater, dem Abt von Tschenstochau; dem SS-Hauptsturmführer Erich Engels aus Arolsen, dem letzten Gestapochef in Kassel, vorher Sicherheitsoffizier in Warschau; dann noch mit einem ehemaligen Mitarbeiter der Wirtschaftsabteilung der amerikanischen Botschaft, einem Polen. Er war ein ehemaliger AK-Soldat, Mitglied der Heimatarmee, der noch nicht angeklagt war. Ihm machte man zum Vorwurf, für die Amerikaner zu spionieren. Die Zellen waren Durchgangsstationen für viele, wir waren nicht länger als vier bis sechs Monate zusammen. Der Gestapo-Offizier war schon zum Tod verurteilt. Er wurde 1951 erhängt, das erfuhr ich aber erst später. Sie schonten ihn noch, weil sie verschiedene Zeugenaussagen brauchten. Sie haben ihn auch falsch informiert und gesagt, er werde begnadigt. Er war ein überzeugter Nazi. Ich habe ihm alle Zigaretten gegeben, denn ich habe nie geraucht und nach einem Jahr schon Zigaretten bekommen. Auch der Mönch aus Tschenstochau hat nicht geraucht und gab sie ihm. Er sagte: „Der Führer hat nicht recht gehabt, Herr Bartoszewski, er war nur schlecht informiert in der Sache der polnischen Intelligenz. Die Polen sind keine Juden. Ich habe viele Polen kennengelernt im

Gefängnis. Juden, das ist etwas anderes, aber Polen, das sind doch Arier, keine Untermenschen."

Er war ein hoffnungsloser Fall für mich. Er hat uns viel über Exekutionen von Polen erzählt. Er war bei der Gestapo in Warschau tätig, als ich in Auschwitz war. Er hatte kein Mitleid mit sich selbst, ein harter Mann, ehemaliger Kriminalbeamter und sehr früh bereits Mitglied der NSDAP. Wir haben zusammen gegessen, geschissen, geschlafen, geredet, wochenlang, mit dem Abt von Tschenstochau und mit dem Gestapo-Chef. Der Abt von Tschenstochau ist ein Jahr nach seiner Entlassung gestorben. Er hat, wenn ich mich recht erinnere, drei Jahre wegen Devisenvergehen bekommen, Dollars nicht angemeldet, die in Briefumschlägen aus Amerika kamen, Geschenke für das Kloster. Sie zeigten ihm die Vorschriften. Darin steht, daß der Bürger einer Volksrepublik Polen keine Devisen bekommen darf. Er muß sie sofort anmelden. Und er sagte: „Meine Herren, nicht ich habe die Devisen erhalten, sondern die Jungfrau von Tschenstochau. Ich habe sie nicht für mich selber ausgegeben. Die Jungfrau von Tschenstochau, die vom Hellen Berg, hat sie bekommen."

„Sie waren nicht notiert"

Eine seltsame Mischung in dieser Zelle, ein alter Nazi, ein Widerstandskämpfer und ein Mönch in der weißen Kutte der Pauliner und ich. Ich bin mit dem Gestapo-Offizier relativ gut ausgekommen. Ich sagte ihm: „Ich war in Auschwitz, ich war in der Heimatarmee. Ich werde Ihnen keine Schwierigkeiten machen, mein Herr. Wir sind alle Häftlinge, wir sind alle Menschen, aber bitte reden Sie nicht über Politik, und wir sollten auch nicht über Geschichte sprechen. Wenn wir darüber reden sollten, dann müssen Sie auch mein Leben berücksichtigen, mein Herr." Und dann sprachen wir ganz normal. Ich habe ihn auch immer wieder gefragt, warum ich wie ein Wunder aus Auschwitz entlassen wurde. Und es gab dafür ja immer wieder verschiedene Gründe. Er sagte, er sei damals an der Kartei tätig gewesen. Engels, so habe ihm der damalige Gestapo-Chef in Warschau Meisinger oft gesagt, prüfen Sie die Kartei. „Wenn eine Eingabe kam, sind die Namen geprüft worden, und in Ihrem Fall", so erzählte er mir, „stand der Name nicht in der Kartei. Sie hatten vor dem Krieg nichts mit Deutschen zu tun. Sie waren bei uns ein unbeschriebenes Blatt. So wurden Sie eben bei der Razzia geholt. Sie waren auch nicht für die deutsche Kriegsindustrie wichtig. Schutzhäftlinge ja, aber solche Leute konnten von Zeit zu Zeit schon entlassen werden."

„Wenn sie noch am Leben waren", sagte ich.

„Ja", sagte er, „wenn sie noch am Leben waren..."

Das Rote Kreuz hat sich in der Sache eingesetzt, das war schon ein erfolgversprechender Schritt. Es ist möglich, daß meine Entlassung auch über Graf Potocki lief. Der Gestapo-Chef und er haben öfter zusammen einen getrunken. Und er sagte beim Trinken: „Können Sie nicht den oder den mal freilassen, können Sie nicht für den etwas tun?" Dann gab der Gestapochef dem Offizier Engels einen Zettel mit den Namen von sog. unschuldigen Menschen. „Prüfen Sie mal, Herr Obersturmführer..." Engels hat sich das dann wohl notiert und in den Akten nachgesehen. Er hat mir das erzählt, aber nicht zu behaupten versucht, er hätte mir geholfen. Aus der Kartei für Naziverbrechen in Ludwigsburg ersah ich nach vielen Jahren, welch großer Verbrecher er war. Unter „Engels" fand ich dort auch die Notiz: angeblich Todesstrafe, 1951 vollstreckt im Gefängnis Mokotow, laut irgendeiner Aussage. Das stimmte, ich konnte das bestätigen.

Von meiner ersten Zelle aus wurde ich nach Mokotow gebracht, war ein paar Monate in einer Einzelzelle, dann in einer Doppelzelle, dann zu dritt. Nach 3 ½ Jahren erst hat man mir im Mai 1952 den Prozeß gemacht. Vorwurf: Spionage. Die Macht, für die ich spioniert haben sollte, wurde nicht genannt. Im Gericht erhielt ich einen Rechtsanwalt, und er sagte zu mir: „Mein Herr, ich kenne leider Ihre Akte nicht, ich muß Sie aber verteidigen."

„Nein", sagte ich, „könnte nicht einer in die Akten reinschauen?"

„Wir haben nur noch 10 Minuten Zeit", sagte er.

„Dann müssen Sie aufpassen, wenn Sie mich verteidigen. Und das müssen Sie dann juristisch ausformulieren, nachher. Ich bin unschuldig."

„Unschuldig?“ fragte er, ein Jude.

Ein polnischer Jude hat mich verteidigt, ein kommunistischer Pole hat mich verurteilt.

Der Prozeß war sehr kurz. Vielleicht nur zwei Stunden. Als ich in die Zelle zurückkam, wartete mein Mitgefangener auf mich. Der Staatsanwalt forderte zehn Jahre. Ich hatte das letzte Wort. Ich sagte: „Hohes Gericht, Herr Staatsanwalt, zehn Jahre. In der ersten Nacht, in der ich verhaftet wurde, sagte mein Vernehmungsoffizier, ich würde zehn Jahre bekommen. Ich fühle mich aber nicht schuldig. Der Meinung des Offiziers und der Meinung des Staatsanwalts habe ich nichts hinzuzufügen.“

Das war alles. Dann erhielt ich letztlich acht Jahre. Aber die ersten eineinhalb Jahre Untersuchungshaft 1946–48 wurden nicht angerechnet, obwohl ich damals nicht verurteilt worden war. Auf diese Weise hatte ich praktisch neuneinhalb, aber nicht zehn Jahre. Die Verhandlung fand im Gefängnis statt. Das Urteil wurde im Gericht verlesen.

Streng geheim

Jetzt fing ein ganz neues Kapitel an. Denn im Sommer 1952 war es ganz schlimm für die polnischen Häftlinge. In Rußland wütete der Terror. Ich war als Spion verurteilt, das stand in allen Papieren. Ich war also ein besonders unerwünschter und gefährlicher politischer Häftling. Der schlimmste Fall, den man sich vorstellen konnte: Spionage. Keine Verleumdung, nur Spionage. Spionage. Amen. Die Spionage ergab aber ein lächerliches Urteil, acht Jahre. Ich kam mit verschiedenen Menschen zusammen, mit Kollaborateuren, mit Politikern aller Richtungen, auch Priester waren dabei, auch ein Prälat.

Der Gefängnisdirektor war im Rang eines Majors. Ich wurde im Sommer 1952 zu ihm gerufen, und er fragte: Sie sind Journalist? Soll das bedeuten, daß Sie etwas vom Drucken verstehen?“

Ich sagte ihm, „Jawohl, Herr Major, ich verstehe etwas davon.“

„Dann sind Sie so etwas wie ein Setzer“, sagte er.

„Ja“, sagte ich, „halbwegs schon.“

„Aber eine schwierige Sache, mit Ihren Paragraphen, Spionage, Sie sind doch Spion?"

„Wie hätte ich denn 8 Jahre bekommen, wenn ich Spion gewesen wäre, Herr Major."

„Na ja", sagte er, „kein großer Spion, eher ein mittlerer, verstehen Sie doch. Lassen Sie die Sache dem Gericht."

„Schon gut, wie Sie wünschen", meinte ich.

„Jedenfalls bin ich nicht berechtigt, Leute wie Sie zu beschäftigen, außer wenn Sie loyal bleiben."

„Von der Arbeit her schon", sagte ich.

„Ja gut", schloß er, „dann habe ich etwas für Sie."

Man schickte mich in die Gefängnisdruckerei, und dort war alles geheim. Da waren eigentlich meistens lebenslänglich verurteilte Kriminelle und Kriegsverbrecher, Leute von der SS. Man rechnete damals damit, daß sie nie entlassen würden. Wir haben nur streng geheime und besonders streng geheime Sachen gedruckt, Auslegungen und Erklärungen des Innenministeriums für Direktoren. Gedruckt wurden immer nur ein paar Dutzend Exemplare und diese entsprechend numeriert. Ich dachte: Hier erhält man gute Verpflegung und kann zusätzlich Essen kaufen. Man bekam tatsächlich einen halben Liter Milch täglich. Man konnte Zeitungen lesen. Man hatte Bücher, es gab eine Buchbinderei, eine Bibliothek für die Polizei. Es waren 20 Flachdruckmaschinen, die meisten deutsche Fabrikate.

Die Druckerei wurde erweitert. Man hatte zu wenig Fachleute. Aus verschiedenen Gefängnissen wurden sie zusammengeholt. Ein alter Druckereiinhaber und ein genialer Geldfälscher aus Krakau, der sich auf Dollar spezialisiert und dafür eine lebenslängliche Strafe bekommen hatte, haben mich eingelernt. Ich habe erst einfache Sachen gesetzt, dann bald auch umbrochen.

Nicht schuldig

Weil ich zuviel wußte und Wissen bekanntlich nicht gesund ist, wurde ich plötzlich aus der Druckerei geholt und mit einem Transport in das gefürchtete Gefängnis Rawicz bei Posen gebracht. Das war im April 1954. Im Spital wurde Tuberkulose festgestellt, dann Herzmuskelschaden. Das war ein Jahr nach Stalins Tod. Dann kamen die ersten Entlassungen für kranke Häftlinge. Im August 1954 wurde ich aus der Haft entlassen, erhielt Urlaub für sechs Monate. Nach ein paar Monaten kam ein jüdischer Anwalt, der in meiner Sache sehr aktiv war und der mich ohne Honorar beriet. Er stellte für mich einen Antrag auf Anerkennung als unschuldig Verurteilter. Ende 1954 waren ein paar polnische Sicherheitsoffiziere verhaftet worden. Der neue Kurs kündigte sich an, es gab zwar noch keinen 20. Parteitag in Moskau, aber das Tauwetter setzte bei uns früher ein. Ich bekam im März 1955 die schriftliche Nachricht, daß ich rechtswidrig verurteilt worden sei. Ein zweites Gerichtsverfahren war nicht vorgesehen. Ich hatte auch nie meine Schuld eingestanden. Diejenigen, die die Schuld eingestanden hatten, mußten rehabilitiert werden.

Ich war einfach zu Unrecht verurteilt worden. Rund 70000 Zloty bekam ich dafür. Das war damals viel Geld für einen bescheidenen Menschen. Es war aber schwierig für mich, Arbeit zu finden. Ich konnte ja nicht in einer kommunistischen Zeitung arbeiten und fand einen stillen Posten beim Verband der Bibliothekare.

Ich lebe, als ob nichts wäre

18 Polizisten und 700 kg Bücher

Im Oktober 1970 lebte ich, als ob nichts wäre, dabei mußte ich mich jeden Tag um 9.00 Uhr bei der Polizei melden und wurde oft acht Stunden lang verhört. 18 Polizisten waren in mein Haus eingedrungen und hatten 27 Stunden lang wie die Ameisen jedes Dokument, jedes Foto, jedes Buch, das ihnen verdächtig erschien, überprüft. Die Polizisten konzentrierten sich vor allem auf die Bücher in deutscher Sprache: Hitler, „Mein Kampf", Alfred Rosenberg, „Der Mythos des 20. Jahrhunderts". Auch polnische Bücher, vor allem Übersetzungen von polnischen Klassikern in fremder Sprache. Insgesamt ungefähr 700 kg.

Einen halben Tag lang wurde ich in einer Zelle für Kriminelle festgehalten. Ich sollte alles aussagen, alles gestehen, aber ich verweigerte. Es gab keine Anklage, dafür aber wilde Gerüchte in Warschau, ich sei als Leiter einer staatsfeindlichen Organisation entdeckt worden, sei der geheime Kopf des Senders „Radio Freies Europa" in polnischer Sprache u. a.

Es gab ja in der Partei immer zwei Flügel, die sich bekämpften. Der eine Flügel wollte beweisen, daß die Partei nicht wachsam genug sei. Ich sollte als das Beispiel für solche Versäumnisse und Sündenbock des einen Flügels gegen den anderen dienen.

Ich verweigere die Aussage

Ich lebte, als ob nichts wäre, besuchte die Empfänge der Botschaften. Manche Freunde kamen nicht mehr zu mir, sie hatten Angst. Es kamen regelmäßig andere, um ihre Solidarität mit mir zu zeigen, vor allem die Redakteure der polnischen-katholischen Wochenzeitung in Krakau, „Tygodnik Powszechny", einer Wochenzeitung, deren ständiger Mitarbeiter ich seit 1957 war. Das dauerte mehrere Wochen, bis sich auch die Staatsanwaltschaft einschaltete. Ich wurde von meinem Arbeitsplatz weggeholt. Der Vorwurf lautete, ich hätte mich mit staatswidrigen Kräften aus dem Sender „ Radio Freies Europa“ zusammengetan, um gegen die Volksrepublik Polen zu arbeiten. Ich lachte die untersuchende Staatsanwältin aus. Sieben bis acht Stunden wurde ich vernommen, meldete mich immer pünktlich um 9.00 Uhr zum Verhör. Nachdem ich sah, daß alles nur eine absichtliche Provokation war, weigerte ich mich, weiter auszusagen, nicht einmal zum Lebenslauf. Es gibt da Dutzende von Seiten mit immer der gleichen Antwort: „Ich werde dazu die Aussage verweigern.“

Das Spiel ist aus

Das dauerte bis Mitte Dezember 1970. Bis es an der Ostseeküste zu Unruhen kam, die Arbeiter in den Streik traten. Wladyslaw Gomulka wurde abgesetzt. Edward Gierek kam an die Macht. „Wir haben etwas Besseres zu tun. Heute ist keine Vernehmung“, sagten die Polizisten. „Gehen Sie ruhig. Wir werden Sie wieder benachrichtigen.“ Das war schon die Folge dieser Unruhen. Und selbstverständlich konnte ich nach Zakopane reisen, in den berühmten Kurort in der Tatra. Es genügte ein kurzer Antrag. Nach einigen Monaten wurde mir offiziell mitgeteilt, es werde keine Anklage erhoben. Man nahm an, daß ich eine geheime Rolle gespielt hätte, hatte aber keine Beweise dafür. Das Spiel war also aus. Ich war frei.

Es hatte ein Machtwechsel stattgefunden. Aber ich durfte nicht mehr ins Ausland reisen. Rund fünf Jahre lang. Gleichzeitig veränderte sich unser Land. 1976 kam es zu Unruhen in Ursus und Radom. 18 Monate später gründeten wir die „Fliegenden Universitäten“, Vorbilder dafür hatte es ja zu Zeiten der Okkupation und der Teilung Polens gegeben. Ich habe die längste Zeit in Privaträumen gelesen, ununterbrochen drei Semester lang. Ich habe in Kirchen über unsere nationale Geschichte und über die Freiheit gesprochen. Dann kam die Polizei. Es gab Auseinandersetzungen, Kommissionen, die Staatsanwaltschaft griff ein. Ich wurde vernommen und sagte: „Ich werde weiterlesen. Ihre Enkel werden sich noch Ihrer Entscheidung schämen." Das war Ende 1979. Aber am 16. Oktober 1978 war schon ein Pole Papst geworden. Und das hat unser Land und unser Leben am meisten verändert. Und das dauert an, auch über den 13. Dezember 1981 hinaus!

„Mein Herr, kaufen Sie unsere Gottesmutter!"

Meine Begegnungen in der Bundesrepublik Deutschland
Meine Träume von der Zukunft von Deutschen und Polen

An der Wand hängt ein Sack. Und auf dem Sack ist ein Hakenkreuz abgebildet. Das Kreuz des Rassenwahns und der Überheblichkeit, das millionenfaches Leid über mein Vaterland gebracht hat.

Die Szene: Ein Gasthaus in Nottuln/Westfalen. Der Zeitpunkt: Die späten siebziger Jahre. Grund unserer kleinen Konferenz: letzte Beratung über ein Modell der Begegnung zwischen Deutschen und Polen, Aufarbeitung der Vergangenheit, Perspektiven für die Zukunft. Meine Gesprächspartner Reinhold Lehmann und Professor Klemens Richter von Pax Christi haben von der Katholischen deutschen Bischofskonferenz den Auftrag erhalten, Modelle für den Religionsunterricht zu erarbeiten, und laden mich ein, historische Einzelheiten und persönliche Erfahrungen einzubringen.

Meinen Gastgebern fällt offensichtlich erst nach Verlassen des Gastraumes auf, was sich da hinter unseren Köpfen an der Wand an schrecklicher Vergangenheit bewegt. Reinhold Lehmann schreibt Wochen danach für den Rundfunk einen beißenden Kommentar: Wie schön es ist, mit einem ehemaligen Auschwitz-Häftling, Widerstandskämpfer im Untergrund und exponierten Freund Deutschlands in Polen, Suppe, Rumpsteak mit Pommes Frites und Salat zu verzehren. Der Artikel wird auch in unserer Krakauer katholischen Wochenzeitung „Tygodnik Powszechny" abgedruckt.

Erst eine Gruppe von Staatsanwälten, die einige Monate später auf einem Ausflug zufällig in dieses Lokal geraten, gelingt es, den Sack zu entfernen – und damit ein Stück Schamlosigkeit und ein Zeichen der „Unfähigkeit zu trauern" (Mitscherlich).

Ich bleibe ganz ruhig, denn ich weiß, daß es in jedem Land

Dummköpfe und Unverbesserliche gibt. Längst habe ich auf meinen vielen Reisen in die Bundesrepublik, zum ersten Mal im Mai 1965, gelernt und erfahren, daß es das andere Deutschland gibt, daß hier Menschen aus allen Konfessionen und Weltanschauungen und politischen Richtungen leben, die über die Vergangenheit hinweg, über die noch nicht zugeschütteten Gräben ein neues Verhältnis zu meinem Volk aufbauen wollen.

Weder Reden und Pfingsttreffen noch einzelne Embleme, noch revanchistische Äußerungen können mir diesen Glauben nehmen, denn ich habe inzwischen erlebt, was es bedeutet, Freunde in einem Land zu haben, das schrecklich bezahlen mußte für den Überfall auf Polen und Europa.

Ich, der ehemalige Untermensch und Auschwitz-Häftling Bartoszewski, hatte inzwischen vor deutschen Staatsanwälten ausgesagt, was ich an Nazi-Verbrechen gesehen hatte und in den Akten nach dem Krieg fand. Ich wurde zur Vorbereitung des Prozesses gegen Ludwig Hahn, der in Polen ein ungeheures Interesse fand, zwei Tage von deutschen Staatsanwälten in Warschau befragt. Das war eine große Genugtuung für mich, daß ein Gericht der Bundesrepublik Deutschland in mir offensichtlich einen zuverlässigen Partner fand, um Anklage zu erheben und schließlich Hahn in Hamburg zu verurteilen. Ich hatte inzwischen ein Buch geschrieben über Erich von dem Bach-Zelewski, den SS-General und Kriegsverbrecher, der in Polen den Warschauer Aufstand niederschlug! Ich hatte in meinem auch ins Deutsche und Englische übersetzten Buch „Todesring um Warschau 1939–1944" versucht, den bekannten und vielen unbekannten Opfern ein Denkmal zu setzen, ihre Gesichter zu zeigen, die Werte zu schildern, für die sie gestorben sind. Meine Aufzeichnungen über die Exekutionen in Warschau waren schon bei den Nürnberger Kriegsverbrecherprozessen als Zeugnisse der Anklage verwendet worden. Für mich ist dieses Buch ein Zeugnis nicht der Rache, sondern der Geschichte, eine Mahnung für unsere beiden Völker.

Zum ersten Mal war ich im Mai 1965 in die Bundesrepublik gekommen. Die Einladung schickte mir der damalige Chefredakteur Heinz Linnerz, der mir auch den Kontakt zu Heinrich Böll vermittelte. Böll berichtete mir von seinen Erlebnissen in

Polen und sagte, er sei selbst abends ins Stadtzentrum von Warschau gegangen und habe die Menschen dort angesprochen. „Ich erwartete", so Böll, „daß ich eine Ohrfeige bekomme, aber alle waren freundlich ..."

Schon im Kriege hatten wir in unseren Widerstandsgruppen darüber diskutiert: Es kann keine allgemeine Rache geben. Die Deutschen haben schwere Untaten auf sich geladen. Sie werden auch schwer dafür büßen müssen. Gerechtigkeit, ja. Wahrheit über die Vorgänge, ja. Rache, nein!

Ein allgemeines Gefühl der Rache bringt dem Rächer noch größeren Schaden als dem Opfer, weil er in seinen Rachegefühlen nicht mehr zu sich selbst zurückfindet. Das ist auch psychologisch nicht annehmbar.

Ich kann hier nicht hunderte von Begegnungen schildern, die mit Deutschen in der Bundesrepublik und bei uns in Polen stattgefunden haben, vor allem mit vielen Jungendlichen, mit Journalisten und Reportern, mit Vertretern von Pax Christi und des Bensberger Kreises, mit Bischöfen, Prälaten und Künstlern. Was Mitte der sechziger Jahre langsam begonnen hatte, wurde nach dem Abschluß des Warschauer Vertrages zu einem breiten Strom der Kontakte und Begegnungen.

Im Auftrag des Fernsehens, des Norddeutschen Rundfunks (NDR), war ich im Sommer 1966 beim Heimattreffen der deutschen Heimatvertriebenen in Bonn. In der Menge, unter Hunderttausenden. Aber nicht alle haben dort auch gut Deutsch gesprochen. Beim Beethoven-Denkmal am Münsterplatz saß eine unserer schlesischen Bäuerinnen, eine alte Frau, und verkaufte Bilder von der Jungfrau von Tschenstochau. „Mein Herr", sagte sie, „kaufen Sie *unsere* Gottesmutter!"

Gleichzeitig gab es ziemlich heiße Parolen um die Gegendemonstration der evangelischen und katholischen Theologiestudenten der Bonner Universität. Ich erinnere mich noch an ein Transparent: „Auch nach tausend Jahren: Togo bleibt deutsch."

Ich wurde zu einem Empfang in Hamburg eingeladen, die beste Gesellschaft. Die Leute waren informiert, daß in meinem Lebenslauf auch Auschwitz vorkam. Und eine Dame fragte mich: „Sie sind wohl Jude?" Ich sagte: „Nein, absolut kein Jude, ich bin polnischer Katholik." Und ich merkte, daß 20 Jahre nach dem

Krieg die Deutschen noch nicht begriffen hatten, warum Auschwitz gegründet wurde: um die polnische Oberschicht zu vernichten. Die Idee, die Juden zu vergasen, wurde erst eineinhalb Jahre später in die Tat umgesetzt. Das ist in Polen jedem Kind bekannt. Aber hier war erschütternd für mich: Hier war das neu.

60 000 Tote und kein Interesse an Politik

Wir besuchten mit einem Fernsehteam des NDR die Ortschaft Neuengamme. Bekannte von mir waren hier im Lager gewesen. Ein Lager in Deutschland, das von den Engländern befreit wurde, in der Nähe von Hamburg. Der evangelische Pfarrer war nicht vorbereitet, aber höflich. Wir haben ihn einfach überrascht.

Der Pastor: „Ja, und was wünschen Sie?" Ich sagte: „Ich bin polnischer Schriftsteller und möchte gerne das Lagergelände besuchen. Aber vorher möchte ich mit Ihnen ein paar Worte sprechen, möglichst in Anwesenheit eines Fernsehteams."

Er war nicht sehr begeistert, er hat aber zugestimmt. Er war noch jung, war nicht im Krieg und sagte, vor seinen Gläubigen würde er nie über das Konzentrationslager sprechen, und auch die Gläubigen redeten darüber nie. „Wissen Sie", sagte ich, „daß hier 50 oder 60 000 Leute umgebracht wurden? In dieser kleinen Ortschaft?" „Ja wissen Sie", sagte er, „das sind normale ruhige gläubige Bauern, die reden nicht gerne darüber, die haben kein Interesse an Politik." „Aber gläubige Christen", fragte ich. „Ja", sagte er. „Sie besuchen regelmäßig den Gottesdienst."

Er begriff nicht, wohin meine Frage zielte. Das war für mich sehr lehrreich. Wieviel muß man tun, um Schuld und Versöhnung in Gang zu bringen. Aber man muß erst die Tatsachen erfahren.

In der ganzen Zeit, schon in den 60er Jahren, hatte ich mich in der deutsch-polnischen Arbeit engagiert. Ich nahm an den Seminaren zwischen der polnisch-katholischen Znak-Gruppe und Pax Christi teil, aber nur in Polen. Ich bekam ja keinen Paß und damit kein Ausreisevisum. An das Auschwitz-Seminar 1972, das erste Seminar zwischen Pax Christi und der polnischen katholischen Gruppe „Znak", erinnere ich mich noch genau. Es fiel dort auch ein Satz, der auf die Deutschen wie eine Erlösung wirkte: „Menschen haben dies Menschen angetan", sagten meine polnischen Freunde. Menschen haben dies Menschen angetan. Nicht Deutsche den Polen. Das war die Einsicht, die zu Frieden und Versöhnung führen könnte.

Was muß dazukommen? Die Idee, daß der Mensch zu allem fähig ist, vor allem wenn die Deiche brechen, wenn es zu einem totalitären System kommt. Damals war schon von Maximilian Kolbe und von Edith Stein die Rede. Die polnische Schriftstellerin und Journalistin Josefa Hennelowa sagte damals, Auschwitz sei der richtige Ort, an dem Haß und die Erinnerung an ein Unrecht überwunden werden könnten. Zum Beten für die Gläubigen, und für die Nichtgläubigen zum Nachdenken. Hier sei der Ort, um mit den letzten Dingen in Kontakt zu kommen, um die Jugend die Grenzsituation erleben zu lassen.

Die Menschen, die hier waren, wurden durch solche Begegnungen wieder lebendig. Es wurde ihnen ein Stück ihrer Würde wiedergegeben. 1974 sagte ich auf einem nächsten Seminar in Makow zu Polen: „Als Christen kennen wir den Begriff der Kollektivschuld nicht. Ganz recht: Eine Kollektivschuld gibt es nicht. Aber es gibt doch so etwas wie Kollektivursachen, und es gibt Kollektivwirkungen der nationalsozialistischen Vergangenheit. Es gibt auch eine Kollektivscham. Aus diesem Grund erwachsen oft die Minderwertigkeitsgefühle, die doch sehr an Überempfindlichkeit und Aggression grenzen können ..."

Begegnungen

Es haben unzählige Begegnungen stattgefunden. Nicht nur mit Pax Christi und dem Bensberger Kreis und später auch mit Vertretern des Zentralkomitees der deutschen Katholiken und der Katholischen Deutschen Bischofskonferenz. Auch mit Gruppen, die nach Polen kamen und sich frei informieren wollten.

Ich habe viele Freunde in Deutschland gefunden. Aber ich hatte Schwierigkeiten, die Deutschen in Polen zu schildern, es war nicht leicht, Mißtrauen, ja manchmal Haß abzubauen. Erst die Paketaktionen, die riesige Hilfe, die insgesamt nach dem August 1980 in unser Land kam, schaffte den eigentlichen Durchbruch. Einsam stand Kardinal Wyszynski noch 1965 in Tschenstochau, als er das Volk aufforderte, nach dem Briefwechsel der Bischöfe zu vergeben. Und die Menge antwortete ihm in treuer Gefolgschaft zur Kirche: „Wir vergeben!"

Das war eine Testabstimmung, aber sie mußte sich erst noch durchsetzen.

Ich habe meine Erfahrungen aus der Bundesrepublik Deutschland in der katholischen Wochenzeitung „Tygodnik Powszechny" sehr zurückhaltend beschrieben. Meine Berichte waren im großen und ganzen positiv. Ein Drittel davon hat aber die polnische Zensur gestrichen. Dann berichtete ich unter anderem in den katholischen Clubs über meine Deutschlandreise. Gelegentlich gab es große Schwierigkeiten. Man tolerierte mich nur, weil ich ehemaliger Auschwitz-Häftling und Offizier der Heimatarmee war. Es gab meistens ein sehr verlegenes Schweigen ringsum, wenn ich von den „neuen Deutschen" berichtete.

Denn das Trauma war noch da. Erst eine Generation, die alles nicht mehr selbst erlebt hat, wird ein unbefangeneres Verhältnis zu den Menschen finden. Uns Polen hat dies am meisten geschockt an den Deutschen: diese schreckliche Grausamkeit der Nazi-Zeit, diese unkluge Grausamkeit gegenüber unschuldigen Menschen. Das ist so verabscheuungswürdig. Diese Manifestation der Stärke, der Stiefel, der Wachen, der Propaganda, brutal physische Übermacht. Und sehr viele Leute in Polen, die denkenden Leute, haben damals gesagt: Unsere Stärke kann nur aus unserem Herzen und aus unseren Gehirnen kommen, sie muß geistig sein.

Wir Polen hatten Angst, Angst vor der eigenen Vernichtung und der Vernichtung unserer Sprache, unserer Kultur, unseres Volkes, unseres Landes.

Immer wieder haben mich gerade auch junge Menschen gefragt, ob ich denn in all den Jahren keine Angst gehabt habe. Natürlich hatte ich schreckliche Angst, riesige Angst. Es gab Tage, an denen ich fast zerbrochen bin vor Angst. Monate nach der Entlassung aus dem Lager habe ich schwere Stiefelschritte hinter mir gehört. Ich habe immer den Kopf nach unten gezogen, ihn fast unter den Achseln verborgen. Und die Gleichaltrigen sagten zu mir: „Władek, was machst du?" Ich wußte es auch nicht, aber ich war so eingeschüchtert, verschreckt durch Auschwitz. Meiner Mutter habe ich nie alles über Auschwitz erzählt. Ich habe einzelnen jungen Menschen vom Widerstand berichtet, um ihnen klarzumachen, worum es geht. Ich habe nie z. B. in Gesellschaft gesprochen, um mich irgendwie wichtig zu machen. Ich wollte das nicht erzählen. Ich war einfach nicht fähig, das überhaupt selbst zu bewältigen, noch lange nicht. Ich habe ein ganzes Jahr gebraucht, um eine Lösung für mich zu finden: *Gegen Haß, gegen Gewalt, gegen jeden Haß, gegen jede Gewalt.*

Und warum? Weil wir Polen Opfer des Hasses und der Gewalt geworden waren. Diese Rolle als Leidende lag uns ja in unserem Messianismus, der auch in unserer Literatur zu erkennen ist. Aber diesem Leiden gehört es zugleich, die Fackel des Guten zu tragen, nicht die des Bösen. Das ist das Geheimnis dessen, was das Neue Testament verlangt: umkehren. Wir wollen die Wissenden und auch die Aufgeklärten sein. Wir haben schon begriffen. Wir sagten damals in unseren Kreisen oft: Die Deutschen, die haben noch Zeit darüber nachzudenken – und sie werden hart genug getroffen werden. Sie sollen gerechterweise leiden, aber uns steht es nicht zu, Rache an ihnen zu nehmen. Wir haben an Gottes Gerechtigkeit geglaubt. Wir erinnerten uns der Menschen in Warschau, die im Schlaf gefallen waren, bei der ersten Bombardierung 1939 im Blitzkrieg. Wir erinnerten uns, in Warschau wurden Menschen umgebracht, wahllos aus den Geschäften herausgeholt. Also auch keine Politiker, keine Soldaten. Auch einfache Frauen und Männer, auch Kinder. Man konnte bei uns schon unterscheiden, ob jemand an der Front gefallen war oder ob jemand Mordopfer wurde. Meine Landsleute, die Väter und Söhne an der Front verloren haben, irgendwo in England, in Frankreich und auch in Amerika, also kämpfend auf See oder in der Luft, z. B. in England bei der Luftschlacht, diese polnischen Flieger und die anderen, von denen wußte man: Sie waren als Soldaten gefallen. Da gab es kein Gefühl der Rache. Es geschah ja im Krieg. Es gab keinen Haß gegen die deutschen Soldaten, die es getan hatten. Aber wenn jemand einfach umgebracht wurde, als unschuldiges Opfer, nicht im Krieg, dann hatte dies schwere Rachegefühle bei den Menschen ausgelöst. Soldat ist Soldat, das war unsere Erziehung vor dem Krieg. Der Soldat, wenn er sich anständig verhielt, konnte auf eine hohe Meinung treffen. Aber nicht der Mörder, der sich an unschuldigen Frauen und Kindern und alten Menschen verging und sich auf einen Befehl berief. Die Sache mit den Polen war außerhalb jeder Norm. Und die Sache mit den Juden erst recht.

Maximilian Kolbe, das ist schon denkwürdig, wurde am 14. August 1941 ermordet. Kardinal von Galen hatte die Predigt gegen die Euthanasie am 3. August in der St.-Lamberti-Kirche gehalten, im gleichen Monat, in dem Kolbe starb. Man weiß nicht, ob das irgendwie zusammenhängt. Ein katholischer polnischer Geistlicher wurde Opfer des Mordes, ging freiwillig in den Tod. Ein anderer, ein Bischof in Deutschland, hat gegen die Euthanasie gepredigt. Beides steht in einem Zusammenhang. Vor einigen Jahren brachte ich Bischof Heinrich Tenhumberg, einem Nachfolger von Galens, Fotokopien der polnischen Widerstandsflugblätter und Broschüren aus dem Jahre 1942. Diese polnischen Übersetzungen des Aufrufs von Galens sollten damals den Katholiken an der Weichsel signalisieren, daß es auch ein anderes Deutschland gibt. Doch wir waren zutiefst gekränkt, nicht sosehr von den Henkern, von den Nazis, von denen wir nichts erwarten konnten, sondern vom katholischen Deutschland. Die Katholiken ließen uns total allein. So hatten wir damals gedacht.

Zum Schluß möchte ich meine ganz privaten Träume zum deutsch-polnischen Verhältnis offenlegen. Keine politischen Träume. Es gibt solche Träume auch in Deutschland. Sicherlich bin ich ein Patriot, *kein* Nationalist, aber ein Pole, ein polnischer Träumer. Ich träume von Nachbarn, zu denen ich einen Zugang habe, wie er etwa zwischen Holland und Deutschland normal ist. Mit freiem Zugang zu allen Menschen, von beiden Seiten her. Auch mit einer Währung, die auf beiden Seiten Gültigkeit hat. In meinen Träumen sehen die Beziehungen so aus, daß, wenn man in Deutschland „Pole“ sagt, dies nichts anderes bedeutet, als wenn man irgendwo sagt: „Schau mal, ein Holländer, ein Schwede, ein Engländer, ein Franzose.“ Nicht mehr. Und wenn man bei uns in Polen „Deutscher“ sagt, so soll das nicht mehr bedeuten, als wenn man einen anderen Menschen aus einem hochentwickelten Industriestaat meint. Beide, Polen und Deutsche, sollen nur dies füreinander sein: ganz normale Menschen.

Die unguten Erfahrungen aus der Vergangenheit, das ist eine Sache von Generationen. Das werden Spuren bleiben. Aber ich möchte sehen und erleben, daß für einen jungen Deutschen ein Pole eben ein Pole ist, ein Sportler, ein Schauspieler oder wer auch immer: anerkannt als Mensch und nicht beurteilt aufgrund der nationalen Herkunft. Wichtig ist, daß er ähnlich menschlich denkt und danach handelt. Daß das eine ganze alltägliche Sache wird. Denn dem, der sagt, das sei noch ein Traum, dem sage ich: „Es ist ein Traum in die Zukunft hinein."

Ich glaube, schon im 21. Jahrhundert wird das Wirklichkeit werden. Unterschiede werden selbstverständlich bleiben. Aber ich bin überzeugt: Wäre Polen für die Deutschen so zugänglich wie Österreich oder Dänemark, ein freier Staat, eine Demokratie, dann könnte eine neue hoffnungsvolle Generation in unseren Ländern entstehen. Für diese kommende Generation wird das eine geschichtliche Tatsache werden.

In diesem 21. Jahrhundert oder nachher wird man vielleicht nachlesen, daß es oft die ganz einfachen Menschen waren, schlichte Ordensschwestern, kleine Bauern, ganz gewöhnliche Menschen ohne herausragende Bildung, die das Richtige getan haben. Das sind die Menschen, auf denen die Gesellschaft in unseren beiden Ländern aufbaut. So wie die Juden sagen, daß es jeden Tag einen Gerechten geben muß, damit die Welt sich weiterdreht. Es muß nicht nur einen geben, sondern ganze Gruppen, die instinktiv das tun, was sie als richtig erkannt haben. Das ist Friedensarbeit.

Jeder muß selbst lernen

Die Erfahrung meines Lebens

Was würde ich anders machen, wie würde ich mich verhalten, wenn ich nochmals von vorne anfangen könnte? Eigentlich beneide ich im Grunde meines Herzens die Menschen, die Zeit haben, die anspruchslos glücklich sind, auch bei uns in Polen. Aber grundsätzlich, wenn ich es so sehe, habe ich mich entscheiden können.

Ich habe dieses Land selbst nicht gewählt. Ich habe Auschwitz nicht ausgesucht. Auch habe ich in Polen den Einmarsch der Russen nicht begeistert begrüßt. Ich hätte bei uns lieber die Amerikaner und die Engländer gesehen. Polen wäre mir als neutrales Land lieber. Mindestens so neutral wie Finnland, eher noch wie Österreich.

Aber wir, die anderen, sind denen, die bürgerlich und normal leben, eigentlich überlegen. Wir sind eben unangepaßt.

Ich lebe in einem Land, in dem ich zu einer kleinen Minderheit gehöre. Nicht wegen meiner Weltanschauung, meiner Zugehörigkeit zur katholischen Kirche, ganz im Gegenteil. Sondern aufgrund der Erfahrung. Zwei Drittel der Menschen bei uns sind schon nach dem Zweiten Weltkrieg geboren und erzogen worden. Sie haben diese Erfahrungen nicht. Jetzt sammeln sie langsam die Erfahrungen, unter dem Kriegsrecht, in der Internierung, auch im täglichen Leben. Sie wissen, was Anderssein bedeutet. Was aus diesen Erfahrungen in den kommenden Jahren im nationalen Leben wächst, wird sehr wichtig sein.

Leider muß jeder diese Erfahrungen selber machen. Sie sind nicht übertragbar. Nicht einmal auf die Kinder, nicht einmal auf die eigenen. Ich bin nicht überheblich. Ich fühle mich nicht als ein besserer Mensch. Nicht besser als die anderen, die ringsum leben und wohnen. Oft lassen sich die Menschen auf unglückliche Abenteuer ein, aus Mangel an Erfahrung und Charakter. Letztlich sind das unglückliche Menschen.

Meine Mutter wußte schon, wenn sie etwas von mir verlangte, dann mußte sie das indirekt tun. Wenn nicht, dann habe ich immer versucht auszuweichen. Widerstand, das war ja in der Generation, in der ich im Elternhaus aufgewachsen bin, nicht möglich. Vor dem Ersten Weltkrieg nicht und nachher auch nicht. Unsere Erziehung war ähnlich der in Deutschland. Aber die Kinder wurden nicht geohrfeigt. Auch nicht in der Schule.

Ich habe mich meinen Eltern nie eindeutig entgegengestellt. Aber wenn ich nicht überzeugt war von dem, was ich tun sollte, dann bin ich ihnen immer unter verschiedenen Vorwänden ausgewichen. So habe ich mich verteidigt. Druck war für mich etwas Unmenschliches.

Es kann sein, daß von meinem Leben wenig bleibt. Ich habe sicherlich zu wenig erreicht. Aber ich halte an dem gedruckten Wort fest. Ich denke hier ähnlich wie die Juden, die auch an Bücher glauben, an das, was an Klugheit und Weisheit zu Papier gebracht wird. Da bleibt, nach meinen Erfahrungen und den Erfahrungen meiner Nation, sehr viel.

Dazu bin ich auch in der Schule und in meinem Elternhaus erzogen worden: aus Beispielen heraus zu lernen, nicht nur von Heiligen, sondern auch von Menschen, die nicht Schriftsteller waren, die aber im nationalen Leben eine Rolle spielten, weil sie mutig Widerstand leisteten. Oder auch deshalb, weil sie mutig gestorben sind. Wir lernten in der Schule, wie die fünf erhängten Anführer des Januar-Aufstandes 1864 angesichts ihrer russischen Henker gestorben sind. Sie sind mutig gestorben, für Polen. Aber ich wollte eigentlich nicht sterben – für Polen. – Ganz im Gegenteil. Das wäre eine Heuchelei. Aber wir waren so erzogen: Leben um jeden Preis, das ist eine Schande. Es gibt kein Leben um jeden Preis. Leben um jeden Preis, das ist der Kampf in der Natur, das ist der Stärkere, wenn er den Schwächsten angreift. Und wenn dann der Schwächste bereit ist, alles zu machen und sich zu unterwerfen. Das ist unmenschlich.

Zivilcourage ist eine wichtige Tugend für mich. Sie bedeutet, daß man sich dem Strom entgegenstellen muß. Und es sind immer nur wenige, die die Kraft dazu haben. Man darf auch die

Sache nicht so vereinfachen, wie das manche jüdische Schriftsteller und Historiker getan haben, die Polen wegen der Passivität in Sachen der Hilfe für die bedrohten Juden anzuklagen. Sicher, es gab sehr viele Menschen, die sich gleichgültig verhielten. Sicher, die Juden waren verteufelt, auch in Kreisen der katholischen Kirche. Jahrhundertelang. Ich muß ganz ehrlich sagen: Wenn ich das angenommen hätte, was ich in der katholischen Schule und Kirche über die Juden gehört habe, ich wäre Antisemit geworden. Nur mein Widerstand gegen Dummheiten und Zwänge im Denken haben mich dahin gebracht, daß ich die Juden verteidigen konnte. Ich habe auch immer wieder im Krieg gehört, auch von manchen Priestern: „Was wollen Sie mit diesen Juden, warum engagieren Sie sich so? Warum gefährden Sie Ihr Leben wegen der Juden im Warschau?“ Ich kenne solche Leute heute noch mit Namen. Aber das war eben mein Stolz, ich wollte anders reagieren, ich wollte wissen, daß sie nicht recht haben.

Wenn es um die Deutschen geht, so möchte ich vor allem die polnische katholische Wochenzeitung „Tygodnik Powszechny“ erwähnen, die seit 1945 in Krakau erscheint. Ich habe die schlimmsten Jahre der Stalin-Zeit erlebt. Was draußen vorging, habe ich fast nicht gewußt. Ich war ja im Gefängnis. Ich war abgeschirmt. Aber darüber habe ich nachher viel erfahren. Und ich habe die Leute des „Tygodnik Powszechny“ so hochgeschätzt, daß sie die Zivilcourage hatten, die einzigen zu sein zwischen Elbe und Yang-Tze-Kiang, die sagten: Wir drucken keinen Nachruf auf Stalin! Ich habe also nicht umsonst gelitten, sagte ich, nachdem ich aus dem Gefängnis entlassen worden war. Es gibt solche Leute in diesem Land. Wir waren zwar nicht informiert, aber wir waren nicht verrückt. Wir haben im Gefängnis Widerstand geleistet und die in Krakau auch. Sie gaben nicht nach. Sie nahmen persönliche Opfer auf sich. Sie durften über drei Jahre und mehr ihre Zeitung nicht herausgeben. Das sind so konkrete Menschen wie der Chefredakteur von „Tygodnik Powszechny“, Jerzy Turowicz, stille Menschen, ruhige Menschen, die im konkreten Moment den Mut gefunden haben, *nein* zu sagen, ganz konkret *nein*, ohne Diskussion.

Ein deutscher Diplomat sagte mir vor einigen Jahren in Warschau beim Abschied: „Herr Bartoszewski: Wir kennen uns seit vielen Jahren. Sagen Sie mir, leben Sie nur für die Geschichte?" Das war kein dummer Mensch, und ich habe ihm so geantwortet: Nicht *allein* für die Geschichte. Ich weiß ja nicht, was von mir bleibt. Ich kann das nicht von mir aus beurteilen. Was bleiben wird, das wird Gott entscheiden. Es gibt auch Fälle, in denen die Menschen in Polen und auch anderswo erst nach zwei bis drei Generationen Schriftsteller, Philosophen, Historiker, richtig beurteilt haben. Sie waren oft jahrzehntelang vergessen. Und plötzlich hat man gesehen, diese Menschen haben doch Brücken gebaut, haben etwas sehr Wichtiges gesagt. Und da es gedruckt war, wurde es aufs neue lebendig. Bei uns gibt es Dutzende solcher Beispiele. Denken wir an unsere Literatur im 19. Jahrhundert. Bis 1918 waren viele polnische Schriftsteller fremde Bürger, die oft in der Schweiz, Frankreich oder England lebten. Goethe und Schiller – die Deutschen – lebten in Deutschland. Aber unsere größten Schriftsteller lebten in Emigration.

Nur ein ganz verschwindend geringer Prozentsatz der Polen kannte damals Namen, schätzte ihre Werke. Für die überwiegende Mehrheit der Bevölkerung existierten sie nicht. Aber für ihre Urenkel war das schon anders. Jetzt sind es die größten Polen. Jeder Schurke bei uns weiß über diese Menschen Bescheid, von denen seine Urgroßeltern noch keine Ahnung hatten.

Was ist also für die Geschichte wichtig und unwichtig? Ich will es nicht verschweigen: Es wäre für mich eine großartige Sache, auch nur zwei Zeilen zu haben im Lexikon meines Volkes in 100 Jahren. Ob ich diese zwei Zeilen oder eine Zeile mit zwei anderen Namen zusammen haben werde, ich weiß es nicht. Aber ich hoffe darauf.

Ob das Leiden einen Sinn hat? Wenn ein Erdbeben ausbricht oder ein Vulkan oder Menschen getötet und verbrannt werden durch Naturkatastrophen, dann hat das Leiden natürlich nicht diesen Sinn, es kann nicht beispielhaft sein für andere. Es kann nicht wirken in dieser Art. Es muß eben fruchtbar werden für die anderen Menschen. Das heißt, man muß sich eigentlich auch für das Leben entscheiden können.

Jeder Schriftsteller ist ja auch eine Art Schauspieler. Er will bekannt werden. Er will gelesen und verstanden werden, auch wenn er angegriffen wird. Er will im Bewußtsein existieren. In diesem Sinne habe auch ich ein ganz reges Interesse an meiner eigenen Existenz.

Ich wollte ja immer Schauspieler werden. Und so habe ich eben gespielt, auf einer ganz anderen Bühne, als ob ich keine Angst hätte. Ich habe immer wieder versucht, meine Angst zu überwinden, damit diese Angst keine negativen Folgen hatte für die anderen Menschen. Oder für die Sache, die ich zu vertreten hatte. Ich habe heute verschiedene Neurosen und schlucke Tabletten. Aber anderen Menschen ist, Gott sei Dank, durch mich und meine Angst kein Schaden entstanden.

Ich war in meinem Leben oft hungrig. Als ich Mitte der 50er Jahre das Gefängnis verließ, war ich zu stolz, um den Menschen zu sagen, daß ich Hunger hatte. Ich habe oft dankbar eine Einladung zum Mittagessen angenommen und vorher und nachher nichts mehr gegessen. Ich war der Mensch, der 1955 jedenfalls nicht satt wurde. Der Mensch, der eben gerne etwas essen wollte. Ich habe Freunde und Bekannte im Ausland, aber ich habe ihnen nichts über meinen Hunger geschrieben. Jetzt sagen sie mir, „Władek, warum hast du nicht ...“ Und ich antworte: „Wußte ich, wie es euch Emigranten geht? Ihr hattet ja auch nicht viel.“

Ich halte die einzelnen Menschen nicht für schuldig, auch nicht meine Vernehmungsoffiziere. Auch nicht die, die mich unter diesem System verurteilt haben. Ich unterscheide zwischen System und Mensch. In dem Sinn suche ich nicht die Rache, auch nicht die prinzipielle politische Abrechnung. Ich suche die Abrechnung von oben, nicht von unten her. Nicht von denen, die die Befehle angenommen haben, sondern von denen, die befohlen haben.

Ja sicher, ich hatte später einen Namen. Aber am Anfang, da hätte ich hunderttausendmal verschwinden können. Auch noch in den 50er Jahren. Erst nachher wurde ich bekannt. Aber ich habe gewußt, woher ich komme, ich habe gewußt, daß ich Warschauer bin. Ich wollte 1939 nicht kämpfen, aber ich hatte die Pflicht, meinem Vaterland zu dienen.

Ich habe Glück gehabt. Ich habe niemanden getötet. Ich habe niemanden geprügelt. Ich habe niemanden geohrfeigt. Aber ich bin geprügelt worden. Ich wurde auf den Kopf geschlagen. Ich habe in Auschwitz die Brille verloren, und ich bin sehr kurzsichtig. Ich war also Opfer, ein unschuldiges Opfer, aber kein hilfloses Opfer, auch wenn ich hilflos war.

Vielleicht verdanke ich den Gebeten meiner Mutter viel, die im Kriege schon tiefgläubig war, die nun ihre Zuflucht bei Gott und im Gebet gesucht hat. Es kann schon sein.

Ich habe das Foto meiner Mutter sehr gerne. Ich habe es auf meinem Schreibtisch. Als ich nach sieben Monaten Auschwitz zurückkam, hatte meine Mutter – damals 43 – zwei weiße Strähnen in ihrem schönen blau-schwarzen Haar. Solche Strähnen, wie sie heute Mode sind ...

Viele haben sich um meine Entlassung im April 1982 aus dem Internierungslager bemüht. Aus der ganzen westlichen Welt, Organisationen, Verbände und Gruppen aus Kirchen, Staat und Gesellschaft, viele Persönlichkeiten des öffentlichen Lebens, unter anderem aus der Bundesrepublik Deutschland, Österreich und Skandinavien. Ich war eine Art Symbol, war bekannt, hatte einen Namen. Die direkte Intervention kam jedoch von den Juden. Der Präsident des Weltkomitees der jüdischen Kämpfer, Partisanen und Lagerhäftlinge, Stefan Grayek, ein Warschauer wie ich, der jetzt in Israel lebt, kam zu den Feierlichkeiten des Getto-Aufstandes am 19. April 1982 nach Warschau. Er sagte den polnischen Behörden einfach und klar: „Wenn Bartoszewski nicht bis zum 19. April 1982 entlassen wird, dann werde ich nicht teilnehmen und einfach wieder abreisen." Diese Tatsache hat auch der Innenminister bei dem Gespräch in Warschau zugegeben: „Sie haben seltsame, merkwürdige Freunde in der Welt, Herr Bartoszewski ..." Ich sagte: „Ja, Herr Minister, auch Bischöfe und Rabbiner ..."

Ich wurde am 19. April 1982 mit dem Hubschrauber vom Lager abgeholt. Offiziell entlassen wurde ich erst am 28. April. Ich war bis dahin ein beurlaubter Häftling, aber meine Gedanken faßte ich in einem ersten Brief an meinen deutschen Freund Reinhold Lehmann so zusammen: „Seit diesem Tage bin ich also, wenn nicht ‚frei', dann in der Lage der Mehrheit der Bürger der polnischen Volksrepublik ... Selbstverständlich bin ich derselbe, und ich habe nichts unterschrieben und nichts zugesagt. In der weiteren Aktivität werde ich mein Leben nur noch nach meinem Gewissen und meinem Verstand richten."

Der Abschied von meinen Kameraden im Lager kam plötzlich. Eine totale Überraschung. Wäre meine Frau in meinem Namen bereit gewesen zu erklären, daß ich mich aus dem politischen Geschehen zurückzöge, hätte sie gleich mit dem Hubschrauber im Januar ins Lager fliegen und mich abholen können. Aber sie lehnte ab. Sie wußte, daß ich nicht nachgeben wollte. „Er wird mit den anderen kommen oder bleiben", sagte sie dem Innenminister. Sie hat recht gehabt.

Am 19. April nachmittags kam ich in Warschau an. Zusammen mit einer schwangeren Frau. Zusammen mit einem Professor, der bereit war, in den Westen auszureisen. Alle meine Kollegen haben mich zum Abschied geküßt, vor allem herzlich, Tadeusz Mazowiecki, mit dem ich Zimmer an Zimmer wohnte, dem Chefredakteur von „Tygodnik Solidarnosc". Auch die Juden. Sie mußten mich stützen, so schwach war ich geworden. Ich hatte ein paar Tage lang vorher Angina, Fieber bis 40°. Ich bin dann von Warschau bald nach Lublin gefahren, habe seit Anfang Mai 1982 meine Vorlesungen weitergehalten. Dort warteten die Studenten auf mich. Sie hatten es abgelehnt, ein anderes Seminar zu besuchen.

Ich arbeitete im Mai mit Vorlesungen, Seminaren, machte dann im Juni Urlaub in Zakopane. Dann bekam ich eine Einladung nach West-Berlin zu einem Wissenschaftsaustausch. Ich bin schon Rentner, konnte ein Ausreisevisum erhalten. Die Behörden waren glücklich, als ich abflog.

Was bleibt

Erinnerungsarbeit und Hoffnungen

Ich wußte, daß ich eines Tages nach Warschau zurückkehren werde. Ich hoffte: möglichst lebendig – und hoffentlich gesund. Im Oktober 1983 arbeitete ich als Stipendiat am Wissenschaftskolleg in Berlin, im folgenden Jahr als Gastprofessor der Politischen Wissenschaft an der Ludwig-Maximilian-Universität in München. Von Oktober 1984 bis zum Sommer 1985 lehrte ich an der Katholischen Universität in Lublin und beendete auf diese Weise meine Lehrtätigkeit dort nach drei Jahren – nach insgesamt 12 Jahren. Ich war gerade Gastprofessor in Eichstätt, als die Nachricht kam: ich sollte den Friedenspreis des Deutschen Buchhandels erhalten.

Polen war damals noch unter der Herrschaft des Generals W. Jaruzelski, der heute behauptet, das Kriegsrecht nur ausgerufen zu haben, um mein Vaterland Polen vor einem größeren Unglück, die Intervention der Roten Armee und ihrer Verbündeten, einschließlich der Volksarmee der DDR, zu retten.

In der Frankfurter Paulskirche, am 5. Oktober 1986, gingen meine Gedanken zurück an jenen Tag im Winter 1940, als ich, vor Kälte und Hunger und Angst zitternd, auf dem Appellplatz von Auschwitz stand, gesichts- und namenlos, als Schutzhäftling Pole Nr. 4427. Wenn mir damals jemand gesagt hätte, daß ich im Verlaufe eines einzigen Lebens diesen Wandel der überwiegenden Mehrheit der Deutschen zu einer demokratischen Gesellschaft erleben würde, die sich von humanitären Regeln leiten läßt, und daß ich in einem rechtsmäßigen europäischen Staat der parlamentarischen Demokratie leben und arbeiten würde, ich hätte diesen Menschen als optimistischen Träumer und Utopisten angesehen.

Ich habe in der Paulskirche vor allem auch meiner Landsleute im damals unfreien Polen gedacht und betont:

„In der Entscheidung der Jury, die den Wert jener Aktivitäten unterstreicht, die die Anwendung von Gewalt und Haß ablehnen, sehe ich eine mittelbare Anerkennung des Weges aller meiner Landsleute – und es sind ihrer viele Millionen –, die mit großer Opferbereitschaft, in stillem Widerstand und dabei mit weit größerem Realitätssinn, als man ihn oft den Polen zuschreibt, ihre Stimme zur Verteidigung der ethischen und sozialen Grundwerte erheben. Sie fordern die Achtung der Rechte des Menschen auf ein würdiges und freies Leben und somit die Achtung der Rechte der Arbeiter, der Angestellten und der Bauern auf gemeinsame Verwaltung des eigenen Landes."

Nicht nur in dieser Dankesrede erinnerte ich an die Millionen Deutschen, die in den letzten Jahrzehnten Hilfe in materieller Notlage gaben und Polen im Kampf um die Freiheit unterstützt haben. Diese Hilfe ist nicht zu unterschätzen.

Im September 1990 betrat ich eine ganz andere berufliche Plattform. Ich wurde zum außerordentlichen und bevollmächtigten Botschafter der Republik Polen in Österreich ernannt. Von den vielen Ehrungen, die ich in meinem Leben erhielt, vor allem in den letzten Jahren, ist die „Ehrenstaatsbürgerschaft des Staates Israel" etwas, was mir besonders wichtig ist. Ich sehe die Entwicklung im Nahen Osten mit klopfendem Herzen. Als Historiker bemühe ich mich, vor allem die Tatsachen zu sehen.

Ich weiß: Viele Juden im Osten haben sich im Jahr 1939 mit den Sowjets arrangiert. Für die Polen war der Verfall des Staates schlimm, aber nicht für alle Juden. Am Anfang waren viele Juden sogar begeistert, als die Truppen der Roten Armee nach Ostpolen kamen aufgrund des Geheimabkommens zwischen Hitler und Stalin. Sie sahen eine neue Chance für ihre bürgerliche Freiheit. Sie gaben Empfänge für die russischen Besatzungssoldaten. Die Sowjets wollten jedenfalls ihrerseits den Eindruck erwecken, als ob sie die geborenen Freunde der Juden seien. Das sollte sich auch bald ändern. Jedenfalls, ihre Politik war am Anfang anders als die der Deutschen. Die Deutschen gründeten Gettos, bereiteten die Massenvernichtung vor ...

Immer wieder wird der Vorwurf erhoben, zuletzt von Claude Lanzmann in seinem Film „Shoah", die Polen hätten den Juden nicht geholfen. Sie hätten gerne zugesehen, wenn diese ins Gas geführt wurden. Ich muß dabei immer wieder daran erinnern, daß Polen ein besetztes Land war. Daß auf Judenhilfe die Todesstrafe stand. Auf der anderen Seite, und das ist erstaunlich, haben relativ viele Polen geholfen, wenn man diese Bedrohung ernst nimmt. Es war ungleich schwerer, im Generalgouvernement als im Reich Juden zu verstecken. In unseren Gebieten mußte man jederzeit gewärtig sein, daß Razzien und Hausdurchsuchungen durchgeführt wurden.

Mehr als vorher schaue ich in der gegenwärtigen Weltlage, als Außenminister meines Landes, nach Osten. Die allmächtige Sowjetunion gibt es nicht mehr. Der Vielvölkerstaat ist zerbrochen. Es bleibt aber die furchtbare Hypothek zwischen Rußland und Polen, die bisher leider niemand eingelöst hat. Es leben ja noch Menschen bei uns, die sich genau daran erinnern, wann und wie sie verschleppt wurden. Die russischen Menschen sind groß im Leiden, groß in der Opferbereitschaft. Das haben sie auch im Zweiten Weltkrieg gezeigt.

Bis heute kann ich mich als Historiker und als Europäer und als Katholik mit der Entwicklung nicht abfinden. Das hat nicht in erster Linie mit meiner Nationalität zu tun. Es geht um eine unmoralische Entwicklung an dieser Stelle Europas.

So sagen manche bei uns: Rußland, das ist nicht unsere gute Mutter. Wir haben die edle Seele, die in der großrussischen Literatur eine so große Rolle spielt, nicht befreiend und auch nicht erhebend erlebt. Wir können nicht glauben, daß dieser russische Geist edel und weise und rein ist, den Engeln gleich. Mütterchen Rußland mit der edlen Seele ..., aber wir wollen mit einem solchen Mütterchen, wie wir es erfahren haben, möglichst wenig zu tun haben.

Jan Jozef Lipski spricht in seinem Aufsatz „Zwei Vaterländer – zwei Patriotismen" vom „Sowjetismus", der die nationale Identität der Minderheiten auslöschen wolle. Dieser sei gefährlich, mörderisch, sowohl für die Polen als auch für die Russen. Auch ich bin der Meinung, daß wir Polen unser Verhältnis zu unserem engsten Nachbarn neu ordnen müssen, vor allem zu den Ukrainern und den Weißrussen, aber auch zu Litauern. Dies im Hinblick auf die Erinnerungen aus der Zweiten Republik. Ich wünsche mir z.B. eine freie Ukraine in einem freien Europa, in einem Europa der freien Völker. In einer solchen Situation würden viele kulturelle Bande neu belebt werden. Wir tun es.

Was bleibt von meinem Leben, von dem schon eine große Spanne abgelaufen ist?

Bewußt habe ich den größten Teil meiner Forschungen auf die Menschen meiner Geburtsstadt Warschau konzentriert. Fast die ganze Zeit des Zweiten Weltkrieges, außer meiner Inhaftierung in Auschwitz, hatte ich in Warschau gelebt, mit den Menschen dort gelitten und gekämpft.

Manchmal habe ich selber das Gefühl, ich sei ein Totengräber, denn einen großen Teil meiner historisch-wissenschaftlichen und schriftstellerischen Tätigkeit widmete und widme ich den Toten. Mit vielen verbindet mich das eigene Leben – und die Gewißheit, daß sie für eine gerechte Sache gestorben sind, daß sie eigentlich Helden waren. Niemand wird sie so nennen, keine Kirche wird sie selig- oder heiligsprechen. Aber in meiner Erinnerung lassen sich die Toten, die Gefolterten und Gequälten, die Opfer, die Märtyrer nicht von meinem Leben trennen. Sie sind ein Chor, dessen Stimme ich manchmal höre. Keiner von ihnen sollte vergessen werden. Jeder von ihnen hatte einen Namen, ein Gesicht, hatte Gefühle, liebte und hing am Leben.

Als ich am 28. April 1995 vor dem Deutschen Bundestag und dem Bundesrat stand, habe ich deutlich darauf hingewiesen, daß ich an diesem Zweiten Weltkrieg teilgenommen, daß ich ihn aber nicht gewollt habe.

Ich weiß, es gibt viele Erfahrungen, und man kann endlos argumentieren. Ich versuche vieles zu verstehen – Erfahrungen und Argumente. Aber auch nach Ablauf eines halben Jahrhunderts fühle ich mich den Opfern von Aggression und Gewalt, von Unterdrückung und Verbrechen verbunden. „Ich kann nicht", so sagte ich, „in einem Atemzug Opfer und Täter nennen."

Immer wieder in den vergangenen Jahren habe ich den Wunsch geäußert, daß junge Polen und junge Deutsche „normal" zusammenleben, ohne die Belastungen der Vergangenheit. Jetzt, in Bonn, als Außenminister meines Landes, sprach ich von der Hoffnung auf diese Generation, von den „glücklichen Menschen des 21. Jahrhunderts".

So walte Gott!

Rede
zum Gedenken an den 8. Mai 1945 bei der Sondersitzung von Bundestag und Bundesrat am 28. April 1995 in Bonn

Sehr geehrte Frau Präsidentin des Bundestages!
Sehr geehrter Herr Präsident des Bundesrates!
Meine Damen und Herren!

Ein halbes Jahrhundert ist es her, seit der blutigste und grausamste Krieg in der Geschichte Europas zu Ende ging. Der Krieg, der am 1. September 1939 mit der Aggression des 3. Reiches auf Polen und des Feldzugs gegen Polen, das das erste Opfer war, begann und am 8. Mai 1945 mit der bedingungslosen Kapitulation vor den Vertretern der vier Mächte in Europa beendet wurde, die mit dem Gang der Ereignisse – seit 1941 – die Hauptlast der Kriegsführung übernommen und über sein Schicksal entschieden hatten. Für Polen dauerte der Krieg fünf Jahre, acht Monate und acht Tage. Während dieser ganzen Zeit haben Hunderttausende von Polen zu Lande, zu Wasser und in der Luft gemeinsam mit anderen Armeen der Alliierten um ein einziges Ziel gekämpft – die Wiedererrichtung ihres freien und souveränen Staates in einem freien demokratischen Europa. In der letzten Phase des 2. Weltkriegs haben insgesamt etwa 600 000 Polen in regulären Einheiten aller Staaten der Alliierten gekämpft und einige Hunderttausend in der Untergrundarmee in Polen selbst.

Richard von Weizsäcker hat in seiner Rede am 8. Mai 1985 ausgeführt:

„Seinem Schicksal gemäß hat jedes Volk dabei seine eigenen Gefühle. Sieg oder Niederlage, Befreiung von Unrecht und Fremdherrschaft oder Übergang zu neuer Abhängigkeit, Teilung, neue Bündnisse, gewaltige Machtverschiebungen – der 8. Mai 1945 ist ein Datum von entscheidender historischer Bedeutung in Europa.“

Dieser heute schon klassische Text von Richard von Weizsäcker gehört zu den Leistungen des politischen und moralischen deutschen und europäischen Denkens. Bei allem Vorbehalt, das Wort „historisch" überzustrapazieren, ist es meiner Meinung nach wohl angebracht, wenn er diesen Begriff mit dem Datum des 8. Mai 1945 in Verbindung bringt.

Ein halbes Jahrhundert nach jenem Tage und an der Schwelle zu einem neuen halben Jahrhundert der Geschichte Europas scheint es sinnvoll zu sein, das Augenmerk auf eine gänzlich neue Etappe in den Beziehungen zwischen Deutschen und Polen im Rahmen der sich neu gestaltenden Gemeinschaft der Völker und Staaten Europas zu richten. Und so wurde es heute möglich, daß der Außenminister Polens im deutschen Parlament auf Einladung dieser höchsten Vertretung des gesamten deutschen Volkes spricht. In meiner Dankesrede für den mir zuerkannten ehrenvollen Friedenspreis des deutschen Buchhandels habe ich am 5. Oktober 1986 in der Frankfurter Paulskirche gesagt, daß „die Polen auf jeden Fall mit dem Verständnis und der Solidarität der deutschen Bevölkerung rechnen, die zum wichtigen Faktor beim Brückenbau zwischen unseren Völkern werden können." Ich schloß damals meine Dankesworte mit dem optimistischen Satz der Hoffnung: „Vielleicht wird es auch mir vergönnt sein, daran weiter mitzuwirken." Gesagt wurde dies drei Jahre vor dem Fall der Berliner Mauer.

Am Vorabend des 40. Jahrestages des Kriegsausbruchs, am 31. August 1989, hatte ich Gelegenheit, an einer einstündigen ARD-Sendung im Gespräch mit Willy Brandt teilzunehmen. An der Spitze der neuen polnischen Regierung stand damals schon der erste nichtkommunistische Ministerpräsident der Länder des ehemaligen Ostblocks. Die neue Ära in der Geschichte Mittel-Ost-Europas war bereits eröffnet worden, aber die Berliner Mauer stand noch fest. Unsere damaligen Äußerungen im Fernsehen bewegten sich im Rahmen eines gemäßigten Optimismus.

Heute sind es schon fünfeinhalb Jahre her, daß die Berliner Mauer zum Einsturz gebracht wurde. In Kürze wird der 5. Jahrestag der Vereinigung Deutschlands begangen werden.

Man kann darüber diskutieren, wie es zu diesen Veränderungen gekommen ist. Welche Rolle hierbei die erste organisierte oppositionelle Gewerkschaftsbewegung „Solidarnosc" in Osteuropa spielte sowie andere Widerstandsgruppen in Polen und der Tschechoslowakei und auch in Ungarn und in der DDR, die ohne Gewaltanwendung einen ständigen Druck ausübten, um den totalitären Machthabern bewußt zu machen, daß Reformen notwendig sind – und auch, welche Rolle die Tatsache spielte, daß man sich selbst im Kreml bewußt machte, daß diese Reformen unausweichlich seien.

Die Abrechnungen mit der Vergangenheit sind häufig ein Akt des Mutes. Mutig und – was hier klar gesagt werden muß – dem damaligen Stand des historischen Bewußtseins und der moralischen Bereitschaft der meisten Polen weit voraus waren die versöhnlichen Worte der polnischen Bischöfe an die Katholiken in Deutschland und die ausgestreckte Hand zur Eintracht im November 1965. Ein Ausdruck des achtungswürdigen historischen Mutes war auch die spontane Geste des deutschen Bundeskanzler Willy Brandt, als er im Dezember 1970 in Warszawa vor jenem Denkmal niederkniete, das dem Gedenken an die Opfer und die Kämpfer des Ghettos gewidmet ist. Nicht leicht war auch die Entscheidung des polnischen Präsidenten Lech Walesa, zu den Feierlichkeiten aus Anlaß des 50. Jahrestags des Warschauer Aufstands im vergangenen Jahr das deutsche Staatsoberhaupt trotz Widerstände eines beträchtlichen Teils der Bevölkerung einzuladen; der Warschauer Aufstand 1944 ist im kollektiven polnischen Gedächtnis nämlich nicht nur fixiert als eine bewaffnete Konfrontation, sondern auch als ein Akt der bewußten Barbarei: der Ausrottung der Zivilbevölkerung der polnischen Hauptstadt und der planmäßigen Verwandlung dieser gesamten Stadt in eine Ruine auf Befehl Hitlers. Mutig und aufrichtig waren die Worte des Bundespräsidenten Roman Herzog, die er bei den Feierlichkeiten am 1. August 1994 in Warszawa an das polnische Volk richtete. Viele Polen empfanden sie als die echte und lang erwartete Antwort des höchsten Vertreters Deutschlands auf die Botschaft der polnischen Bischöfe von 1965. Die Präsidenten Polens und Deutschlands überzeugten damals sogar die Skeptiker, daß Jahrestage, die trennen, gleichzeitig einen Impuls für die Gestaltung einer besseren Zukunft geben können. Einer Zukunft, die verbinden wird.

Meine heutige Anwesenheit in diesem Hause verstehe ich als einen weiteren Schritt auf dem selben Wege.

Es scheint an der Zeit zu sein, sich heute folgende Fragen zu stellen: Wie sieht die wahre Bilanz der Beziehungen von Polen und Deutschen 50 Jahre nach dem Kriege aus?

Wie weit ist es Gesamteuropa gelungen, die unmittelbaren und langfristigen Folgen dieses Krieges zu überwinden?

Die Historiker können die Schuld einzelner Politiker messen und verspätete Varianten dafür suchen, welche 1939 den Frieden hätten retten können. Unabhängig davon, inwieweit die westlichen Demokratien damals versagten und – wie im Fall der Tschechoslowakei in Jahr zuvor in München – dem Egoimus der Politik eines „appeassements" erlagen, so war trotzdem der unmittelbare Anlaß des Krieges die aggressive Naziideologie, deren Durchsetzung die Abspravche zwischen Hitler und Stalin ermöglichte. Der Pakt Ribbentrop – Molotow vom 23. August 1939 zusammen mit dem Geheimprotokoll, das die Einflußzonen des 3. Reiches und der UdSSR festlegte, entschied über das Schicksal des polnischen Staates und einiger anderer Staaten Mittel-Ost-Europas. Natürlich hätten die Polen sich 1939 passiv mit ihrem Schicksal abfinden, keinen Widerstand leisten und nicht kämpfen können, wodurch vielleicht ein Teil der Opfer geschont geblieben wäre. Jedoch hätten sie dadurch aufgehört, ein Subjekt in der europäischen Politik zu sein. Dieses entschiedene polnische „Nein" gegenüber Hitler bewirkte den Eintritt Großbritanniens und Frankreichs in den Krieg und ermöglichte in der Folge die Entstehung der Antihitler-Koalition. Den Polen fiel es zu, an allen Fronten Europas zu kämpfen, im Westen, im Süden und im Osten, auch in Nordafrika, zu Wasser und in der Luft, an verschiedenen Punkten der Welt.

Im besetzten Polen dagegen errichteten Polizei- und Verwaltungsbehörden des 3. Reiches in den Jahren 1940–42 Konzentrationslager für Polen und Vernichtungslager für Juden. Zum historischen Symbol dieses Systems wurden Bezeichnungen, die im Laufe der Zeit zu Begriffen wurden, welche mit der neuen Qualität des Verbrechens in Verbindung stehen – mit dem Völkermord. Um nur einige von vielen zu nennen, waren dies Auschwitz-Birkenau, Chemno-Kulmhof, Treblinka, Majdanek, Sobibor, Belzec, aber auch Groß-Rosen und Stutthof. Und so vernichtete man ca. 3 Millionen polnischer Juden und etwa 3 Millionen Juden, die Staatsbürger anderer Länder waren; sie wurden durch die Nazis in den Vernichtungslagern ermordet, die durch den Terrorapparat von Hitlers Staat zu einem beträchtlichen Teil auf dem okkupierten Territorium Polens errichtet wurden. Zu Opfern des blutigen Terrors wurden ebenfalls über 2 Millionen polnischer Christen. Jeder vierte polnische katholische Priester und jeder vierte polnische Wissenschaftler, jeder fünfte polnische Lehrer wurde Opfer des Verbrechens. Diese Zahlen enthalten nicht die schweren Prüfungen von 2,3 Millionen Menschen, die aus ihren Häusern zwangsumgesiedelt wurden, sowie von über 2,5 Millionen polnischer Zwangsarbeiter und etwa 200000 polnischer Kinder, die zu Germanisierungszwecken verschleppt wurden, von denen drei Viertel niemals zu ihren Familien nach Polen zurückkehrten.

Die Tatsache, daß Polen 1945 nicht als einer der Siegerstaaten anerkannt wurde, war – wie dies heute allgemein bekannt ist – ein politisches Zugeständnis der Westalliierten an Stalin. Die Beschlüsse von Jalta bezüglich Polen waren der Anfang der Teilung Europas in zwei Blöcke. Der polnische Staat wurde um einige Hundert Kilometer nach Westen „verschoben", wodurch letztendlich sein Territorium um ein Fünftel verkleinert wurde. Die Westalliierten legalisierten die neue polnische Ostgrenze, was bedeutete, daß die UdSSR praktisch alles erlangte, was sie infolge der Vereinbarung mit dem 3. Reich in den Jahren 1939–40 zugesprochen bekommen hatte. Polen wurden die ehemaligen deutschen Ostgebiete zuerkannt, was teilweise ein Ausgleich sein sollte für die Gebietsverluste zugunsten der UdSSR. Im Endergebnis hatte Polen von 389000 qkm Fläche nach dem siegreichen Krieg lediglich 312000. In dieser Situation wurde die Grenze an Oder und Neiße für die Polen und ihren Staat zu einer Existenzfrage. Auf der Potsdamer Konferenz beschlossen die Siegermächte die Aussiedlung der deutschen Bevölkerung östlich von Oder und Neiße.

Die Westalliierten gingen davon aus, daß die Sowjetunion in

Polen freie Wahlen zulassen werde. In Polen erachtete man dies von Anfang an als eine gefährliche Illusion bzw. als eine besondere Art von „Realpolitik", das heißt „eine gründlich durchdachte Illusion." Die politisch denkenden Polen waren eher auf das Schlimmste gefaßt. Und sie haben sich leider nicht geirrt. Ende Februar 1945 wurden die höchsten Vertreter der polnischen politischen Parteien unter dem Vorwand, Verhandlungen über die Durchsetzung der Beschlüsse von Jalta abzuhalten, nach Moskau eingeladen. Sie wurden dort hinterlistig verhaftet, vor Gericht gestellt und verurteilt. Dies waren lediglich die ersten Früchte jener „Realpolitik" gegenüber Stalin.

Es ist wahr, daß die UdSSR seit Juni 1941 die gewaltige Last des Kampfes gegen die Deutschen trug und Opfer brachte, die mit den Verlusten der Alliierten unvergleichlich waren. Dies darf nicht vergessen werden. Und deshalb hatte die Stimme Stalins auch mehr Gewicht als die seiner Partner. Zur Wahrheit gehört aber auch die Tatsache, daß die UdSSR nach Jalta den Staaten Mittel-Ost-Europas ein System aufzwang, das unsere Völker des Selbstbestimmungsrechts beraubte. Und so wurde „Jalta" für Polen – und nicht nur für Polen – zum Symbol für die Sanktionierung des Grundsatzes, daß die Großmächte über die Grenzen und inneren Angelegenheiten anderer Staaten entscheiden. „Jalta" brachte neue Elemente der Feindschaft in die Beziehungen zwischen den Staaten ein, und das ist immer ein Vorbote von Destabilisierung.

Ein eigentümliches Paradox in dieser Situation ist, daß „Jalta" auch vorübergehend zur Aufrechterhaltung des internationalen Gleichgewichts beigetragen hat, denn die Verankerung der Bundesrepublik in der westlichen Staatengemeinschaft kam der Errichtung der vertrauenerweckenden Demokratie in diesem Staate zugute. Den Deutschen gelang es in beträchtlichem Maße, ihre im politischen Sinne verstandene „Mittellage" zwischen Ost und West zu verändern. Daher müßten sie auch besser als jeder andere die gegenwärtigen Bemühungen Polens um die Integration mit dem Westen verstehen.

Von der „Stunde Null" zu reden, hat in Polen erst ab 1989 einen Sinn. Damals ergaben sich nämlich Voraussetzungen und Chancen für die Lösung der grundlegenden Dilemmata der polnischen Politik. Seit fünf Jahren betreibt Polen eine selbständige Außenpolitik und ist zu einem vollkommen souveränen Subjekt auf der europäischen Bühne geworden.

Es ist somit höchste Zeit dafür, sämtliche politische Chancen zu nutzen, die sich durch den Umbruch von 1989 ergeben haben. Es sind dies für Polen dieselben Chancen, die Westdeutschland schon 1949 erlangte, und diesen Unterschied sollte man bedenken.

Vor 50 Jahren wurde fast alles nur Mögliche unternommen, um den polnisch-deutschen Antagonismus zu verfestigen. Dies gehörte zu den grundlegenden Zielen der Polenpolitik Stalins, der die Kommunisten zu Architekten des „polnischen Nationalstaates“ machte, die die Unverletztlichkeit der polnischen Westgrenze und die territoriale Integrität in seiner Nachkriegsgestalt garantierten. Heute leben in diesen Gebieten bereits weitere Generationen von Polen, die angesichts der neuen europäischen Lage einen besonderen Beitrag für die Beziehungen zwischen dem demokratischen Polen und dem vereinten Deutschland, für den Prozeß der Verständigung und der Aussöhnung zwischen Polen und Deutschen leisten können.

Der Hitler-Okkupant sprach den Juden das Recht auf Leben ab. Den Polen sprach er das Recht ab, Mensch zu sein und behandelte sie als „Untermenschen“, für die es keinen Platz in der gesamteuropäischen Kultur gab. Das stalinistische Nachkriegssystem verabreichte den Polen – ähnlich wie den Deutschen in der DDR – eine „antinationalistische“ Therapie, die sich nicht nur gegen einen Nationalismus, sondern auch gegen die gesamte polnische Tradition, Kultur und historische Identität richtete. Das „doppelt verwundete“ Volk mußte Abwehrreaktionen entwickeln, die manchmal auch zu Überempfindlichkeiten führten. In den Beziehungen zu den Deutschen ergab sich eine zusätzliche Schwierigkeit aus den noch nicht vernarbten Kriegswunden und der Infragestellung der Grenze an Oder und Neiße seitens der Bundesrepublik Deutschland, sowie aus den Beziehungen zu dem „ersten deutschen Arbeiter und Bauernstaat – der DDR“, die nicht frei waren von einer Komponente aus Verlogenheit und Mißtrauen. Aus der Sichtweise vieler Deutscher dagegen erschien Polen mit seinem 1945 nach Westen verschobenen Grenzen geradezu als ein Kriegsbenefiziat. Polen wurde zu einem bequemen Objekt, an dem man seine eigene Kriegsfrustationen abreagieren konnte, und „dank“ Polens konnte man sogar das Bewußtsein des Opfers in der deutschen Bevölkerung bilden und schüren.“ Da es keinen offiziellen politischen Dialog gab, konnte man dieses Handeln grenzenlos betreiben, ohne die Fakten sowie die Meinung des Partners zu berücksichtigen. Die Aussiedlungsproblematik dominierte für viele Jahre das Polenbild in Deutschland.

Während des Krieges und nach seiner Beendigung mußten Millionen von Menschen ihre Heimat verlassen. Für viele Polen waren dies die Gebiete jenseits des Bug und für viele Deutsche östlich von Oder und Neiße. Diese beiden Gruppen von Menschen konnten nicht miteinander reden, und wenn es dazu gekommen wäre, so hätten sich beide Völker beträchtlich früher verständigen und verstehen können. Aber die polnischen Aussiedler aus dem Osten konnten in diesen Fragen nicht einmal einen Monolog führen. Und wenn sie sich in den polnischen Westgebieten ansiedelten, so kamen sie nicht als Sieger dorthin, sondern sie betrachteten sich als Opfer des Krieges, den sie niemals gewollt und dessen Ausbruch sie nicht verschuldet hatten. Der Umbruch von 1989 schaffte Möglichkeiten für eine offene politische Diskussion. Da man nun über das Schicksal der Aussiedler aus Wilna und Lemberg sprechen darf, ist es auch leichter, die menschliche Dimension des Dramas der Aussiedlungen aus Breslau oder Stettin zu erblicken. Die rechtlich-politische Regelung des Problems der Vereinigung Deutschlands und seiner Grenzen bewirkte, daß heute ein Gespräch über die „verlorene Heimat“ keinerlei Befürchtungen um die Friedensordnung in Europa hervorrufen muß.

Polen hat seine politische Souveränität wiedererlangt. Es gelangt auch zu seiner geistigen Souveränität. Ihr Maß ist das Gefühl der moralischen Verantwortung für die ganze Geschichte, in der es – wie immer – helle und dunkle Seiten gibt. Als Volk, das vom Krieg besonders heimgesucht wurde, haben wir die Tragödie der Zwangsumsiedlungen kennengelernt sowie die damit verbundenen Gewalttaten und Verbrechen. Wir erinnern uns daran, daß davon auch unzählige Menschen der deutschen Bevölkerung betroffen waren und daß zu den Tätern auch Polen gehörten.

Ich möchte es offen aussprechen, wir beklagen das individuelle Schicksal und die Leiden von unschuldigen Deutschen, die von den Kriegsfolgen betroffen wurden und ihre Heimat verloren haben.

Wir erinnern uns an die mit großem Mut formulierten Sätze des heute nicht mehr lebenden bedeutenden polnischen Denkers und Essayisten, Jan Jozef Lipski, jenes exponierten polnischen Sozialdemokraten, der 1981 voller Bitternis sagte:

„Wir haben uns daran beteiligt, Millionen Menschen ihrer Heimat zu berauben, von denen die einen sicherlich sich schuldig gemacht haben, indem sie Hitler unterstützten, die anderen, indem sie seine Verbrechen tatenlos geschehen ließen, andere nur dadurch, daß sie sich nicht zu dem Heroismus eines Kampfes gegen die furchtbare Maschinerie aufraffen konnten, und das in einer Lage, als ihr Staat Krieg führte. Das uns angetane Böse, auch das größte, ist aber keine Rechtfertigung und darf auch keine sein für das Böse, das wir selbst anderen zugefügt haben; die Aussiedlung der Menschen aus ihrer Heimat kann bestenfalls ein kleineres Übel sein, niemals eine gute Tat."

Bezugnehmend auf die Verschwörung gegen den Frieden von Hitler und Stalin im Jahre 1939 fährt Lipski fort:

„Sicherlich wäre es ungerecht, wenn ein Volk, überfallen von zwei Räubern, zusätzlich noch alle Kosten dafür zahlen sollte. Die Wahl eines Auswegs, der, wie es scheint, eine geringere Ungerechtigkeit ist, die Wahl des kleineren Übels darf dennoch nicht unempfindlich machen gegen sittliche Probleme. Das Böse ist Böses und nicht Gutes, selbst wenn es ein geringeres und nicht zu vermeidendes Böses ist."

Ich identifiziere mich vollkommen mit den Thesen meines verstorbenen Freundes Jan Jozef Lipski, mit dem ich zusammen in der demokratischen Opposition aktiv war. Ich möchte daran erinnern, daß dieser Text damals eine hitzige Diskussion unter den denkenden Polen hervorrief. Ich denke auch, daß es nicht gut war, daß die Zivilcourage des Verfassers dieser Worte damals in Deutschland nicht voll wahrgenommen wurde.

Für das „offizielle“ Polen, die Volksrepublik Polen, war jede Stimme aus der Bundesrepublik Deutschland ein feindliches oder verdächtiges Signal, und die Ereignisse der ersten Monate und Jahre nach dem Kriege stellten ein politisches und historisches Tabu dar. Eher gefragt war das Feindbild und Jonglieren mit historischen Fakten je nach Bedarf der Innenpolitik.

Zum Glück jedoch kam es schon einige Jahre nach dem Kriege, nach dem Tod Stalins und Berijas, noch in der Chruschtschow-Ära, sowohl von polnischer wie von deutscher Seite zu parallel laufenden Initiativen für inoffizielle Kontakte zwischen denkenden Menschen guten Willens. Diese Kontakte knüpfte man hauptsächlich in intellektuellen Kreisen an, sowie in Kreisen und Gruppen, die ihre geistige Heimat und ihr Engagement in den christlichen Kirchen verankert hatten. Vorreiter waren auf deutscher Seite schon zu Beginn der 60er Jahre die Jugendgruppen von Aktion Sühnezeichen aus der damaligen DDR und die hartnäckig nach Wegen des Dialogs suchenden Mitglieder der deutschen Sektion von Pax Christi aus der Bundesrepublik. In Köln scharte sich ein Kreis von Menschen um die deutsch-französische Zeitschrift „Dokumente“, und aus einem dieser gewichtigen Diskussionsforen erwuchs in den 60er Jahren der Bensberger Kreis – beide trugen gewiß zur Entstehung einer Atmosphäre bei, in deren Folge im Mai 1965 die Denkschrift der Evangelischen Kirche in Deutschland entstand – ein für jene Zeit mutiger Versuch einer Analyse der Lage, und im November und Dezember 1965 folgte der Briefwechsel des polnischen und des deutschen Episkopats der katholischen Kirche. Nicht alle Initiativen, Institutionen und Personen können aufgezählt werden, die in Deutschland einen Beitrag zur Schaffung von Voraussetzungen für die Verständigung und in besonderem Maße zu einer positiven Korrektur des Polenbildes und der polnischen Angelegenheiten zumindest in einem Teil der deutschen Öffentlichkeit geleistet haben.

Von polnischer Seite gehörten zu den ersten nichtoffiziellen Emissären des guten Willens und des Dialogs, vor allem mit dem Bensberger Kreis und dem Zentralkomitee der Deutschen Katholiken, Menschen, die mit den Klubs der Katholischen Intelligenz in Warszawa, Kraków und Wroclaw, den Redaktionen der

Zeitschriften „Tygodnik Powszechny“, „Znak“ und „Wiez“ verbunden waren. Gewisse Ergebnisse brachten auch die Kontakte, die manche Intellektuelle, die mit den offiziellen Strukturen der kommunistischen Partei in Polen verbunden waren, mit deutschen politischen Kreisen unterhielten.

Zu den wichtigsten Daten seit der Errichtung auf der Basis der Gegenseitigkeit von Handelsvertretungen 1962 in Köln und Warschau gehört unbestreibar der Vertrag der Volksrepublik Polen und der Bundesrepublik Deutschland über die Grundlagen ihrer gegenseitigen Beziehungen vom 7. Dezember 1970, was deutscherseits das Werk der Regierung Brandt und Scheel war. Zu Beginn der 80er Jahre, in den Monaten der Entwicklung der unabhängigen Gewerkschaftsbewegung „Solidarnosc“ in Polen und danach mit der Einführung des Kriegsrechts und der Militärdiktatur im Dezember 1981, war die Situation in Polen dramatischen Veränderungen ausgesetzt. Für die 10 Millionen Angehörige zählende Bewegung „Solidarnosc“ war damals die Politik der Bundesregierung nicht in vollem Umfang klar und in gewissem Sinne enttäuschend. Die breite Öffentlichkeit in Deutschland dagegen, beide christliche Kirchen, zahlreiche gesellschaftliche Einrichtungen, bedeutende Kreise von Intellektuellen und spontane Bürgerinitiativen gaben ein lebendiges Zeugnis von materieller und moralischer Unterstützung für die Polen in Not.

Das enorme Interesse daran, was sich in Polen tat, war in Deutschland nur vergleichbar mit der historischen Welle von Wohlwollen und Interesse, die anderthalb Jahrhunderte früher, in den Jahren 1830–32 für Angelegenheiten der Polen aufgebracht wurden. Das führte in der Folge ohne Übertreibung zu einem neuen Bild der deutschen Bevölkerung in den Augen der Polen.

Zum politischen Durchbruch in den polnisch-deutschen Beziehungen führten jedoch die Tatsachen und Entscheidungen der Jahre 1989/90, und in ihnen erblicken wir den Grundstein und die dauerhafte Basis für gegenwärtige und künftige Beziehungen zwischen unseren Staaten. Ich denke hier an den Besuch von Bundeskanzler Helmut Kohl in Polen vom November 1989, der durch die denkwürdigen Berliner Ereignisse am 9. November unterbrochen, dann aber fortgesetzt und abgeschlossen wurde. Die polnische Öffentlichkeit begriff die Rückkehr des deutschen Bundeskanzlers nach Warszawa als wichtigen politischen Schritt, der die Bedeutung der Beziehungen zwischen unseren Staaten und Völkern an der Schwelle zu einer neuen Ära in der Geschichte akzentuierte. Gewürdigt wurde auch die Begegnung in Kreisau und wahrgenommen wurde der Friedensgruß, den Bundeskanzler Helmut Kohl und der Ministerpräsident der polnischen Regierung Tadeusz Mazowiecki während der Heiligen Messe austauschten.

Die gemeinsame Erklärung, die von beiden Regierungschefs am 14. November 1989 in Warszawa unterzeichnet wurde; der Vertrag zwischen der Republik Polen und der Bundesrepublik Deutschland über die Bestätigung der zwischen ihnen bestehenden Grenze, der am 14. November 1990 in Warszawa unterzeichnet wurde, sowie der Vertrag zwischen der Republik Polen und der Bundesrepublik Deutschland über gute Nachbarschaft und freundschaftliche Zusammenarbeit, der am 17. Juni 1991 in Bonn unterschrieben wurde, bildeten in unseren Augen in Polen, aber auch in der Einschätzung der Staaten in der Welt den Abschluß der tragisch belasteten Zeit in den gegenseitigen Beziehungen von Deutschen und Polen, eine optimistische Vorankündigung eines neuen Gefüges im Rahmen der gemeinsamen europäischen Ordnung.

Der Begriff Europa läßt sich meiner Meinung nach nicht auf den rein geografischen Terminus verengen. In der Geschichte der Völker und Staaten dieses Kontinents hat dieser Begriff eine zivilisatorische Bedeutung angenommen. Er wurde zu einem kollektiven Symbol von fundamentalen Werten und Prinzipien. Europa, das bedeutet vor allem die Freiheit der Person, die Menschenrechte – politische und ökonomische. Das ist eine demokratische und von Bürgern getragene Ordnung. Das ist der Rechtsstaat. Das ist die effektive Wirtschaft, die sich auf individuelles Unternehmertum und Initiative stützt. Gleichzeitig ist es die Reflexikon über das Schicksal des Menschen und die moralische Ordnung, die den jüdisch-christlichen Traditionen und der unvergänglichen Schönheit der Kultur entspringt.

Ein so verstandenes Europa war mit dem geografischen Europa nicht immer deckungsgleich. Zu Anbeginn der europäischen Geschichte war das Athen des Perikles Europa. Heute gehören zu den Erben der europäischen Zivilisation auch weit entfernt liegende Länder auf anderen Kontinenten wie die Vereinigten Staaten, Kanada und Australien.

Europa betrachten wir demnach als Zivilisationskreis. Die Zugehörigkeit zu Europa, das ist eine im Laufe der Geschichte bewußt vollzogene Wahl und Fixierung der obigen Werte. Die Tatsache, daß diese Werte zum Lebensfundament von Völkern auf anderen Kontinenten wurden, zeugt von ihrer Offenheit, vom Geist der Toleranz und des Dialogs. Die europäische Gesellschaft ist eine „offene Gesellschaft." Europa relegiert keine Völker aus seiner Gemeinschaft und isoliert sie nicht. Völker, die zum geografischen Europa gehören, können sich höchstens selbst aus der europäischen Zivilisationsgemeinschaft isolieren. So wie dies vor einigen Jahrzehnten die totalitären Staaten Sowjetrußland und das Deutschland Hitlers taten.

Aber das gegenwärtige Deutschland – dieser demokratische Rechtsstaat – beweist, daß nicht nur eine Rückkehr in diese Gemeinschaft möglich ist, sondern daß man in ihr auch einen guten Platz einnehmen kann. Das zutiefst demokratisierte Deutschland ist zu seiner konstruktiven Rolle in der europäischen Geschichte und Kultur zurückgekehrt und bildet heute einen tragenden Pfeiler im gegenwärtigen Europa. So sehen die Polen das heutige Deutschland, und in diesem Vertrauen der Polen zu dem demokratischen Staat und dem deutschen Volk ist das Geheimnis einer raschen Entwicklung gutnachbarlicher Beziehungen zwischen der Bundesrepublik und dem jetzt unabhängigen Polen verborgen.

Die Rückkehr Deutschlands zu Europa markieren bekanntlich solch grundlegende Daten wie: 1949 – die Gründung der Bundesrepbulik Deutschland, und danach ihre Aufnahme in die NATO – 1955 und die Mitgründung der EWG – 1957. Polen beginnt seine Rückkehr nach Europa nicht aus eignem Verschulden erst 40 Jahre später – 1989. Es ist schon assoziiertes Mitglied in der Europäischen Union und assoziierter Partner in der Westeuropäischen Union sowie aktiver Teilnehmer des Nordatlantischen Rates der Zusammenarbeit und der Partnerschaft für den Frieden.

In Zeiten, als wir im geografischen Europa verblieben waren, gehörten wir – nicht aus eigenem Entschluß zu einer Zone von anderen Werten und Standards, haben aber unsere europäischen Genealogie bewahrt. Die Zugehörigkeit zu den europäischen Werten, die ebenfalls unsere Kernwerte sind, mußte zum Widerstand und zum Aufbegehren gegenüber dem Sowjetismus führen. Diese Zugehörigkeit leitet uns heute strategisch in Richtung Integration mit den europäischen und euroatlantischen Strukturen.

Ein halbes Jahrhundert an Erfahrung aus den Jahren 1939–1989 zwingen Polen dazu, nach solchen multilateralen Strukturen zu suchen, die ihm die Gewähr dafür bieten, den wirtschaftlichen und zivilisatorischen Rückstand aufzuholen und einen würdigen Platz unter den Völkern Europas und der Welt einzunehmen sowie internationale Sicherheit zu erlangen, die keinem der Nachbarn und keinem anderen europäischen Land zum Nachteil gereicht. Für solche Strukturen, die es erlauben, obige Ziele auf der Basis der Wertgemeinschaft und von institutionellen Lösungen zu verwirklichen, erachtet Polen vor allem die NATO, die Europäische Union und die Westeuropäische Union.

Polen strebt in die NATO als einem Bündnis, deren Vertragspartner im Gründungsvertrag den Wunsch zum Ausdruck bringen, „mit allen Völkern und allen Regierungen in Frieden zu leben" sowie den Willen, „die Freiheit, das gemeinsame Erbe und die Zivilisation ihrer Völker, die auf den Grundsätzen der Demokratie, der Freiheit der Person und der Herrschaft des Rechts beruhen, zu gewährleisten" sowie die Entschlossenheit, „ihre Bemühungen für die gemeinsame Verteidigung und für die Erhaltung des Friedens und der Sicherheit zu vereinigen." Das fast 50jährige Bestehen des Bündnisses hat bestätigt, daß diese Feststellungen keine Worthülsen geblieben sind. Polen strebt in die europäische Union, weil es sich mit ihren fundamentalen Zielen solidarisch erklärt.

Auch wir sind geleitet, ähnlich wie die Begründer der Römischen Verträge über die Europäische Wirtschaftsgemeinschaft von 1957, „in dem festen Willen, die Grundlagen für einen immer engeren Zusammenschluß der europäischen Völker zu schaffen“ und genauso wie jene entschlossen, „durch diesen Zusammenschluß der Wirtschaftskräfte Frieden und Freiheit zu wahren und zu festigen“ und, wir antworten auf die Aufforderung zur Teilnahme an ihren Bemühungen als ein Volk, das deren Ideale teilt.

Voll und ganz teilen wir auch den Standpunkt der Unterzeichnerstaaten des Vertrages über die Europäische Union von 1992 hinsichtlich der „historischen Bedeutung der Überwindung der Teilung des europäischen Kontinents und der Notwendigkeit, feste Grundlagen für die Gestalt des zukünftigen Europas zu schaffen“, die „das Bekenntnis zu den Grundsätzen der Freiheit, der Demokratie und der Achtung der Menschenrechte und Grundfreiheiten und Rechtsstaatlichkeit“ bestätigen, unter dem Blickwinkel der Vertiefung „der Solidarität zwischen ihren Völkern unter Achtung ihrer Geschichte, ihrer Kultur und ihrer Traditionen“ sowie in Sachen Fortsetzung des Prozesses“ zur Schaffung einer immer engeren Union der Völker Europas.“

Die gemeinsame Geschichte von Polen und Deutschen ist eine schwierige Geschichte. Wir müssen möglichst schnell jene Zeit aufholen, die durch Mißtrauen, Verachtung, Feindschaft und Krieg verlorengegangen ist. So verstehe ich den Sendungsauftrag des heutigen demokratischen Polen, seiner Regierung und meinen eigenen Auftrag gegenüber Deutschland.

Meine persönliche Lebenserfahrung enthält schmerzliche Erlebnisse und reichhaltige Beobachtungen. Dazu gehören acht Jahre bittere Praxis in Gefängnissen und Lagern der Nazis und Kommunisten. Bis heute sage ich manchmal selbstironisch, daß die Diktatoren mich schlichtweg nicht leiden konnten, was letztlich auf voller Gegenseitigkeit beruht. Die Leiden der Menschen, deren hilfloser Zeuge ich häufig in den jungen Jahren meines Lebens gewesen bin, die Ausrottung der Elite meines Volkes und der in seinen Ausmaßen und Methoden beispielslose Massenmord an allen Juden regten dazu an, sich dem Bösen ohne Rücksicht auf die geringen Chancen zu widersetzen. Es ist mir vergönnt gewesen, an den Versuchen zur Rettung von mit dem grausamen Tode bedrohten Menschen teilzunehmen. Die Erfahrungen dieser wenigen furchtbaren Jahre, das Wissen um die Konzentrationslager, die Folterstätten und Gaskammern, haben für mich ein für allemal die Entscheidung für meinen weiteren Lebensweg mit sich gebracht: gegen Haß, gegen Diskriminierung von Menschen, aus welchen Gründen auch immer – im Blick auf Rasse, Klasse, Nationalität oder Religion, wie auch gegen intellektuelle Gewalt, wozu die Lüge in der Geschichte gehört und der Mangel an Toleranz gegenüber Andersdenkenden. Auf diesem Wege habe ich viele Freunde getroffen und seitens vieler Menschen guten Willens nicht nur in meinem Lande, aber auch in Israel, in den Vereinigten Staaten, hier in Deutschland, in Österreich und anderswo eine solidare Unterstützung und Vertrauen erfahren. Die Erfahrungen meines Lebens, die Erfahrungen eines Brückenbauers geben mir gewiß das Recht dazu, hier und heute folgenden Appell zu formulieren: für ein rasches Handeln und Nutzen der riesigen Chance, die sich beiden Völkern für die Annährung, die Harmonisierung der politischen Interessen und der wirtschaftlichen Zusammenarbeit zum gegenseitigen Vorteil bietet.

Es fehlte in Polen nie an Menschen, die die in der Bundesrepbulik nach dem Kriege sich vollziehenden tiefen, demokratischen Veränderungen erkannt haben, die mit dem wirtschaftlichen Aufschwung verbunden waren und die eine gut funktionierende freie Marktwirtschaft mit sich brachte. Die Leute aus der polnischen demokratischen Opposition haben schon in den 70er Jahren eine Chance in der Vereinigung Deutschlands nach demokratischen Prinzipien erblickt, weil sie Europa an Polen und Polen an Europa herangeführt hätte, dessen integraler Bestandteil eben ein vereintes Deutschland gewesen wäre. Wirklichkeit wurde dies nach 1989.

Man kann sagen, daß die Überwindung der Teilung Europas auf symbolischer Ebene in Berlin begonnen wurde, als die Berliner Mauer fiel. Dieser Prozeß schreitet voran. Damit er jedoch erfolgreich ist, muß er einige fundamentale Voraussetzungen erfüllen.

Erstens muß er auf dem dauerhaften Fundament gemeinsamer europäischer Werte basieren. Vor allem gerade die Akzeptanz dieser Werte sollte über die Zugehörigkeit zu Europa und ihren Institutionen, die seine Identität definieren, entscheiden.

Zweitens, unter den europäischen Werten erachten wir, die Polen, Offenheit gegenüber jenen Menschen als den wichtigsten Wert, die durch ihre alltägliche von Entbehrungen nicht freie und hartnäckige Arbeit zugunsten von Veränderungen einen Beweis dafür liefern, daß sie bereit sind, der gemeinsamen europäischen Sache zu dienen. Wir meinen, daß der Fortschritt im Bereich der Reformen in den postkommunistischen Staaten eng verbunden sein sollte mit der entsprechenden Intensität des Integrationsprozesses gegenüber diesen Staaten.

Drittens, seitens unserer westlichen Partner, auch Deutschlands, möchten wir klar den Willen erkennen, die europäischen sowie euroatlantischen Institutionen zu öffnen und zu erweitern. Wir hoffen, daß im Westen nicht wiederum ein enger „Realismus“ dominiert im Sinne von „Einflußzonen“, „Puffern“ oder Anerkennung von „historischen Interessen“ der Nachbargroßmächte, die in Jalta Triumphe gefeiert haben.

Aus dem Obigen ergibt sich eine weitere, vierte Bedingung, nämlich daß der nach Osten ausgerichtete Integrationsprozeß nicht angehalten wird.

Wir wollen weder alte noch neue europäische Teilungen. Wir wünschen einen ständigen Fortschritt des europäischen Einigungsprozesses, zu dem die kürzlich erfolgte und besondere Etappe, die Vereinigung Deutschlands gehört.

Die prowestliche Orientierung der polnischen Politik bedeutet keine Abkehr vom Osten. Die Russische Föderation, die Ukraine und Weißrußland sind und bleiben unsere wichtigen Nachbarn. Das Streben Polens nach Mitgliedschaft in den euroatlantischen Strukturen bedeutet nicht die Vernachlässigung von Instrumenten zur Schaffung von Solidarität und Sicherheit für alle Völker unseres Kontinents. Das Engagement Polens im Bereich der Organisation für Sicherheit und Zusammenarbeit in Europa ist dafür der beste Beweis.

Ein Beispiel für die Schaffung neuer Konstruktionen, die die alten Teilungen und Blöcke überwinden, ist die Zusammenarbeit Polens mit Deutschland und Frankreich im Rahmen des sogenannten Weimarer Dreiecks. Diese besondere Form der Zusammenarbeit von Staaten der EU mit einem Land aus dem Bereich der ehemaligen sowjetischen Dominanz ist ein Symbol der Versöhnung von drei großen europäischen Völkern. Das frühere Gebiet der großen europäischen Kriege tranformiert sich zu einem Pfeiler der Sicherheit des Kontinents.

Dies sind nach unserem Verständnis die unverzichtbaren Voraussetzungen für die Verwirklichung der Konzeption Europa bzw. gar der Rückkehr Europas zu sich selbst: zu seinen zivilisatorischen Quellen, zum Geist seiner Geschichte, zum Wesen seiner gegenwärtigen Herausforderungen.

Auf dem gemeinsamen Wege zu einem guten Zusammenleben in Europa im zweiten halben Jahrhundert seit den furchtbaren Erfahrungen, denen wir heute unsere Überlegungen widmen, im 21. Jahrhundert, haben wir schon erhebliche Fortschritte gemacht. Eine wichtige Bedeutung hat hier die Gestaltung der Alltäglichkeit, die Entwicklung der Kontakte zwischen den Menschen auf beiden Seiten von Oder und Neiße, das Aufgreifen gemeinsamer Aufgaben und konkreter Projekte in Bereichen Wirtschaft, Wissenschaft und Ökologie. Diese Alltäglichkeit und Normalität zwischen Deutschen und Polen schätze ich ganz besonders. Ich glaube, wir vergessen manchmal zu leicht, wie weit entfernt wir von einer solchen Normalität noch unlängst waren.

Als Leistung von besonderem Gewicht in unseren gegenseitigen Beziehungen betrachte ich die weitgehende Regelung der Minderheitenprobleme. Die Lösungen, die wir im deutsch-polnischen Vertrag von 1991 gefunden haben, basieren auf den internationalen Standards und den KSZE-Dokumenten. Ihr Leitmotiv ist das übergeordnete Prinzip der Loyalität eines Angehörigen der Minderheit gegenüber dem Staat, in dem er lebt und dessen Bürger er ist. Dies schafft die richtige Verhaltensebene sowie die Entwicklungsgrundlage für die sprachliche und kulturelle Identität der Angehörigen der Minderheit.

Die polnisch-deutschen Regelungen, ihre Umsetzung, werden heute von vielen anderen Staaten als gutes Modell zur erfolgreichen Lösung von Minderheitenproblemen betrachtet. Handelt es sich doch um ein Problem, das in der Vergangenheit nicht nur vom Hitlerregime auf zynische Weise ausgenutzt wurde. Auch heute gehört es leider zu den konfliktträchtigsten und gefährlichsten Themen auf unserem europäischen Kontinent.

Seit 1989 wurde in der Lage polnischer Bürger, die Angehörige der deutschen Minderheit sind, ein unbestrittener, deutlicher Fortschritt erzielt. Diese Meinung teilen ebenfalls die Betroffenen. Nach Möglichkeit gewähren polnische Stellen auch materielle Hilfe, insbesondere für Kulturprojekte, beim Sprachunterricht und bei der Unterstützung von Verlagen. Besondere Privilegien in der Wahlordnung zum Parlament erleichterten fünf Vertretern der deutschen Minderheit den Einzug in den Sejm und Senat der Republik Polen.

Die gegenwärtige Lage schafft auch bessere Voraussetzungen für Polen und Personen polnischer Abstammung in Deutschland. Besonders wichtig wäre hier die richtige Wahrnehmung von Problemen und Bedürfnissen dieser Gruppe in bundesdeutschen politischen Kreisen. Es geht ebenfalls um eine praktische Hilfe der entsprechenden Stellen auf Bundes-, Landes- und kommunaler Ebene für die „Polonia" im Bereich ihrer kulturellen Arbeit, beim Polnischunterricht sowie bei der Selbstdarstellung in den Medien. Die bestehenden Probleme sind und werden schrittweise gelöst. Dafür bedarf es auf der einen Seite der Bereitschaft und Offenheit, und auf der anderen Seite des Verantwortungsgefühls für die entsprechende Richtung bei der Gestaltung der gegenseitigen Beziehungen – seitens aller beteiligten Personen und Einrichtungen in beiden unseren Staaten. Es gibt eine echte Chance dafür, daß jene Personen in Polen und in Deutschland, die ihre Bindungen zum jeweils anderen Land verspüren, künftig zu einer dauerhaften Brücke der polnisch-deutschen Verständigung und Zusammenarbeit werden.

Es gibt heute keinerlei grundlegende Streitfragen in den polnisch-deutschen Beziehungen. Wir haben viele Mechanismen zur Lösung laufender Probleme erarbeitet. Wir haben neue Institutionen geschaffen, die die bilateralen Kontakte bereichern, wie z. B. das Polnisch-Deutsche Jugendwerk, polnisch-deutsche Stiftungen, die Europäische Universität „Viadrina" in Frankfurt an der Oder oder die Wirtschaftsförderungsgesellschaft. Es entwickelt sich die Zusammenarbeit der Euroregionen, die Grenzübergänge bauen wir aus, um wenigstens teilweise dem lawinenartigen Anstieg im Grenzverkehr und beim Warentransport gerecht werden zu können. Die vertraglichen Regelungen und das enge Netz von bilateralen Einrichtungen machen unsere Beziehungen stabil und in beträchtlichem Maße unabhängig von politscher Unentschlossenheit und Erschütterungen. Wir haben jedoch noch längst nicht alle Möglichkeiten ausgeschöpft. Beträchtlich mehr zu tun wäre für die Förderung der Kontakte zwischen der Bevölkerung beider Länder, für den polnisch-deutschen Jugendaustausch (das Jugendwerk), der die neue Etappe in den gegenseitigen Beziehungen symbolisieren und zur Annährung beider Völker kennzeichnen sollte.

Es ist nicht meine Aufgabe, die Diskussion zu bewerten, die hier seit einigen Wochen um den 8. Mai 1945 geführt wird, insbesondere den Deutschen eine Antwort auf die Frage zu empfehlen, ob dies für sie ein Tag der Befreiung oder der Niederlage, ein Tag der Freude oder der Trauer gewesen ist. Die Antwort auf diese Frage hinge vor allem vom Bewußtseinsstand jener Menschen ab, die damals lebten und handelten. Voll verständlich ist ihr Schmerzgefühl wegen des Verlustes von Angehörigen, jedoch schwer zu respektieren wäre ein Schmerzgefühl wegen des verlorenen Krieges. Denn zusammen mit dem durch das 3. Reich verlorenen Krieg hat auch jenes System verspielt, das für viele Völker Vernichtung und Unglück brachte, ebenfalls den Deutschen selbst. Als einer der Zeitzeugen kann ich die Dramatik der Worte nachempfinden, die vor zehn Jahren durch den deutschen Patrioten und Europäer Richard von Weizsäcker ausgesprochen wurden: „Es war Hitler, der zur Gewalt griff. Der Ausbruch des Zweiten Weltkrieges bleibt mit dem deutschen Namen verbunden.

Während des Krieges hat das nationalsozialistische Regime viele Völker gequält und geschändet.

Am Ende bleibt nur ein Volk übrig, um gequält, geknechtet und geschändet zu werden: das eigene, das deutsche Volk. Immer wieder hat Hitler ausgesprochen: wenn das deutsche Volk schon nicht fähig sei, in diesem Krieg zu siegen, dann möge es eben untergehen. Die anderen Völker wurden zunächst Opfer eines von Deutschland ausgehenden Krieges, bevor wir selbst zu Opfern unseres eigenen Krieges wurden."

Diese Worte machen die logische Abfolge von Ursache und Wirkung deutlich. Für viele Opfer jener Zeit und deren Familien ist der 8. Mai bis heute ein Tag der Reflexikon darüber, ob der Beginn des Bösen und der Vorbote des Unglücks der 30. Januar 1933 war oder erst die juristisch fixierten Prinzipien der unmenschlichen Diskriminierung von Menschen, nämlich die Nürnberger Gesetze von 1935, oder auch das erste aggressive Vorgehen des 3. Reiches gegenüber den Nachbarstaaten. Sicher ist jedenfalls, daß die ersten Schüsse des 2. Weltkrieges gegen die Polen und den polnischen Staat am 1. September 1939 abgefeuert wurden, und daß der an diesem Tag entfesselte Krieg auf den Ruinen von Berlin und anderer deutscher Städte am 8. Mai 1945 beendet wurde. Ich habe an diesem Krieg selbst teilgenommen, den ich nicht gewollt habe, und ich bin, wie ich meine, in der Lage, verschiedene individuelle Argumente und Erfahrungen der Menschen zu verstehen, jedoch auch nach Ablauf eines halben Jahrhunderts fühle ich mich verbunden mit den Opfern von Aggression und Gewalt, mit den Opfern von Unterdrückung und Verbrechen. Ich kann nicht in einem Atemzug Opfer und Täter nennen, oder auch jene, die das Böse passiv akzeptiert haben. Ich denke, daß eine solche Unterscheidung im Interesse von uns allen liegt, uns, den Menschen guten Willens, die wir besorgt sind wegen jedweder Brutalität zwischen Menschen und Völkern, wo immer wir sie im heutigen Europa und in der heutigen Welt erblicken.

Das Gedenken und die historische Reflexikon müssen unsere Beziehungen begleiten. Sie sollten dafür jedoch nicht Hauptmotivation sein, sondern den Weg bereiten für die gegenwärtigen und in die Zukunft gerichteten Motivationen. Die Beziehungen unserer Völker und Staaten haben heute eine europäische Dimension erlangt – unsere Nachbarschaft wird in hohem Maße darüber entscheiden, ob und wann das geteilte Europa zusammenwachsen wird. Die Zusammenarbeit beider Staaten im geeinten Europa gehört heute zu den wichtigsten Zielen und Begründungen unserer bilateralen Beziehungen. Sie verleiht ihnen den Sinn und liefert dafür vielerlei Motivationen. Mit Blick auf die junge Generation von Polen und die junge Generation von Deutschen, auf die, so walte Gott, glücklichen Menschen des 21. Jahrhunderts.

Nachwort

von Reinhold Lehmann

Daß er sich selber als ein „seltenes Exemplar“ bezeichnet, hängt mit einer stark ausgeprägten Gabe des Wladyslaw Bartoszewski zusammen: sich selbst sehr – und dann doch weniger ernst zu nehmen. Wenn das kein Gegensatz ist!

Aber große und starke Persönlichkeiten, und um eine solche handelt es sich ohne Zweifel bei diesem „seltenen Exemplar“, leben durch Gegensätze und mit Gegensätzen. Zunächst fallen diese schon rein äußerlich auf, wie auch die Zeittafel in diesem Buch zeigt:

- Bürgerliches Elternhaus;
- kaum 18 Jahre alt, schon in Auschwitz;
- nach einigen Monaten schon entlassen – und gleich im Widerstand,
- dazu noch in einer jener fast unsichtbaren Nischen – der organisierten Hilfe von Polen für Juden!
- als Soldat der Heimatarmee beim Warschauer Aufstand, einer jener organisierten Widerstände, die – typisch polnisch – zum Scheitern verurteilt waren, als sie über den Londoner Sender ausgerufen waren.
- Noch am Ende des Krieges erlebte der Friedenspreisträger des Deutschen Buchhandels die stalinistischen Gefängnisse, er lernte dort auch Juden kennen, die „auf der anderen Seite“, auf der Seite der Unfreiheit standen. Keiner schlug ihn, keiner folterte ihn.

Solche menschlichen und politischen Erfahrungen prägten den Mensch Wladyslaw Bartoszewski: keineswegs der harmlose Nachbar, nicht so sehr der „gute Mensch“ von nebenan, auch nicht der freundliche, der eben mal den Rasenmäher über den Zaun hebt. In ihm steckt eine große und für manchen gefährliche Portion menschlicher Erfahrung. Seine impulsive Art zu sprechen, sich einzumischen, zu argumentieren, auch „recht haben“ zu wollen bis zum letzten Komma – ein Schutz vor sich selber?

Aber was soll hier psychologisiert werden, wenn Mensch und Werk dem Außenstehenden nahtlos erscheinen, wenn ein weltbekannter Schriftsteller und Philosoph, Stanislaw Lem, in einer Würdigung davon spricht, daß kein Preis und kein Lob einem solchen Menschen gerecht werden können! Dies deutet auf ein beispielloses Leben hin, ein Leben jenseits aller bürgerlichen Normalität, ein Leben bestimmt von Zivilcourage, voller Überraschungen, auch vor sich selber.

Dieses Buch mit dem Titel „Es lohnt sich, anständig zu sein“, erschien erstmals im Jahr 1983 im Verlag Herder unter dem Haupttitel „Herbst der Hoffnungen.“ Bartoszewski durfte danach auch nicht nach Polen zurück. Es war ein wichtiger Anstoß für die Verleihung des Friedenspreises des Deutschen Buchhandels im Jahr 1986.

Heinrich Böll nannte das kleine Werk im Westdeutschen Rundfunk eine „Botschaft an die Deutschen.“

Daß es sieben Auflagen erreichte, beweist, daß es Deutsche gibt, die sich „jenseits aller Unterschiede der Nationalitäten“ als „Schuldner solcher seltener Gestalten“ fühlen. Die Zitate sind widerum von Stanislaw Lem.

Bartoszewski war ein Held. Er wollte keiner sein, denn er gesteht, daß er Angst hatte. Er mußte sich immer wieder entscheiden, und die Sätze, die sich in diesem Zusammenhang am tiefsten bei mir eingeprägt haben, lauten: „Leben um jeden Preis, das lohnt nicht. Leben um jeden Preis, das ist eine Schande.“ Das sagte er auch immer wieder in Vorträgen, auch auf die Politik bezogen. Dabei wirft er niemand Feigheit vor, wenn er sich versteckt hält, aber er unterscheidet scharf zwischen denen, die nichts tun und zwischen den Henkern, die sich sogar freiwillig melden. Die Henker konnten Millionen ermorden, weil sie auch in den Völkern selber immer wieder Helfershelfer fanden und weil es Menschen gab, die gleichgültig schwiegen, die sich in die Passivität zurückzogen.

Bartoszewski war nie gleichgültig und nie passiv. Er war im

Widerstand gegen die Deutschen, bereits 1942, als noch junger Mann, mit der Erfahrung und dem Wissen von Auschwitz. Hinter den Polen als „Untermenschen“ kamen nur noch die Juden. Auf Judenhilfe stand in Polen grundsätzlich die Todesstrafe. Jeder wußte dies. Vollstreckt wurde sie oft täglich.

Die Judenhilfe, das ist nur eines, aber ein sehr wichtiges Kapitel aus dem Leben des Wladyslaw Bartoszewski. Er wird auch nicht müde, auf die besonders brutalen und grausamen Umstände hinzuweisen, denen nicht nur die Juden, sondern auch Polen während der deutschen Okkupation ausgesetzt waren. Erich Kuby hat dies am gründlichsten und besten in seinem Buch „Als Polen deutsch war“ beschrieben.

Die Polen waren für die Nationalsozialisten nach den Juden das zweitminderwertigste Volk in Europa. Sie selbst lebten permanent unter Terror, und sie sollten als Volk, als Staat, als Nation ausgerottet werden, einschließlich ihrer Hauptstadt Warschau einfach verschwinden.

Immer wieder gibt es Versuche, von der deutschen Schuld an der Massenvernichtung der Juden abzulenken. Man weist auf die Passivität gewisser polnischer Kreise hin, auf den sicherlich vorhandenen Antisemitismus. Man fragt: Waren es so wenige, die Juden gerettet haben? Immerhin so viele, und alle handelten sie unter Todesdrohung. Bis heute sind weit über 4000 Bäume für die Retter oder auch für ganze Familien, die Juden in Polen gerettet haben, an der Gedenkstätte Yad Vashem in Jerusalem gepflanzt worden.

Die Geretteten von damals sind dankbar geblieben. Daß es Solidarität in der Welt gibt, das beweist auch der Umstand, wie Wladyslaw Bartoszewski aus der Internierung nach der Ausrufung des Kriegsrechtes im Dezember 1981 schließlich im April 1982 entlassen wurde.

Über diese letzte Phase hat der Literaturpreisträger Heinrich Böll geschrieben: „Viele internationale Appelle, öffentliche und diskrete, hatten Bartoszewski nicht zur Freiheit verholfen. Buchstäblich aus dem Gefängnis geholt wurde er vom Präsidenten des Weltkomitees Jüdischer Kämpfer, Partisanen und Lagerhäftlinge, dem Juden Stefan Grayek.“ Und Böll zitiert Bartoszewski aus diesem Buch: „Ein Warschauer wie ich, der jetzt in

Israel lebt, kam zu den Feierlichkeiten des Getto-Aufstandes am 19. April 1982 nach Warschau. Er sagte den polnischen Behörden einfach und klar: ‚Wenn Bartoszewski bis zum 19. April nicht entlassen wird, dann werde ich nicht teilnehmen und einfach wieder abreisen.‘ Diese Tatsache hat auch der Innenminister bei dem Gespräch in Warschau zugegeben. Sie haben seltsame merkwürdige Freunde in der Welt, Bartoszewski ... Ich sage: ‚Ja, Herr Minister, auch Bischöfe und Rabbiner ... Ich wurde am 19. April mit dem Hubschrauber vom Lager abgeholt.‘ Und Böll weiter: „Er schrieb an seinen deutschen Freund, Reinhold Lehmann, nachdem er am 28. April auch formell entlassen worden war: ‚Selbstverständlich bin ich der selbe, ich habe nichts unterschrieben und nichts zugesagt. In der weiteren Aktivität werde ich mein Leben nur nach meinem Gewissen und meinem Verstand richten.“ Das scheint schon vorher die Maxime von Bartoszewski gewesen zu sein. Er kann gleichzeitig engagiert handeln und denken, wenn es sein muß mit Fußnoten ...

1965 fuhr Bartoszewski zum ersten Mal nach Deutschland, auf Einladung der Zeitschrift „Dokumente“, die ihren Sitz in Köln hat, deren Chefredakteur damals der jetzige Hauptabteilungsleiter Kultur beim Westdeutschen Rundfunk, Dr. Heinz Linnerz, war. Es kam später zu Kontakten zum „Bensberger Kreis.“ Zu Beginn der 70er Jahre wurden die Kontakte zur katholischen Friedensbewegung Pax Christi in Frankfurt hergestellt. Partner auf der polnischen Seite waren die katholischen Laiengruppierungen Znak (das Zeichen), die Monatsschrift „Wiez“ (die Bindung), und vor allem die in Krakau erscheinende katholische Wochenzeitung „Tygodnik Powszechny“ (Allgemeine Wochenzeitung), deren Mitarbeiter Wladiyslaw Bartoszewski seit 1957 und deren Redaktionsmitglied er seit 1982 ist. Dieser Zeitung stand Karol Wojtyla, Papst Johannes Paul II., sehr nahe, als er bis 1978 Erzbischof von Krakau war.

Das alles können nur Andeutungen sein gegenüber einem äußerst fruchtbaren Leben. Bartoszewski ist ein international anerkannter Historiker. Er wurde von staatlicher und akademischer Seite hoch geehrt. Aber, wenn man ihn verstehen will, muß man Polen ein Stück weit kennen, vielleicht sogar lieben.

Bartoszewski bleibt Pole – und darauf legt er größten Wert, Warschauer, geborener Warschauer. „Na bitte", sagte er, „ich bin doch Warschauer." Er ist ein Zeuge der Stadtgeschichte, und zwar der vor fünfzig Jahren, der brutalsten Phase, der totalen Zerstörung. Er hat in seinem Buch „Todesring um Warschau" geschildert, wie in dieser Stadt Terror wütete. Und trotz allem: Wer ihn nach seinen Träumen fragt, bekommt immer die gleiche Antwort, daß zwischen Deutschen und Polen ein normaler Umgang entsteht, so wie zwischen Deutschen und Franzosen oder zwischen Deutschen und Dänen. An diesem Prozeß will er als Historiker und jetzt als Politiker mitwirken.

Hans Maier hat in seiner Laudatio anläßlich der Verleihung des Friedenspreises des Deutschen Buchhandels an Wladyslaw Bartoszewski viel Lobendes gesagt. Daß für ihn nicht der gute Wille zählt, sondern das Tun des Guten. Daß er viel riskiert und unbeugsamen Mut bewiesen hat, immer wieder und unter extremen Umständen. Daß er zum Vorbild wurde gerade weil er für sich und andere nie den bequemen Weg gesucht hat. Hans Maier zitierte ebenfalls, daß es kein Leben um jeden Preis gibt, daß Frieden nur aus der Zivilcourage kommen kann. „Mit Hitler und Stalin konnte und durfte man keinen Frieden machen. Es gibt Situationen, wenn man sich dem Strom entgegenstellen muß und: Es sind immer wenige, die die Kraft dazu haben."

Wie kann man ein Buch schreiben, mit dem Titel: Es lohnt sich, anständig zu sein?

Man kann nicht, man muß, wenn man Wladyslaw Bartoszewski heißt und ist. Im Oktober 1986 sprach er in der historischen Frankfurter Paulskirche, anläßlich der Verleihung des Friedenspreises des Deutschen Buchhandels und 1995, anläßlich des 50. Jahrestages des Zweiten Weltkrieges, als Außenminister seines Landes, im Deutschen Bundestag in Bonn.

Es lohnt sich also, anständig zu sein!

Bad Homburg, im Mai 1995

Lebensdaten von Władysław Bartoszewski

19. Februar 1922	geboren in Warschau
Mai 1939	Abitur
September 1939	Als Sanitätshelfer bei der zivilen Verteidigung Warschaus
Mai 1940	Beim Roten Kreuz in Warschau
19. September 1940	Festnahme bei einer SS-Razzia gegen polnische Intelligenzia in Warschau
22. September 1940	Einlieferung ins Konzentrationslager Auschwitz (Nr. 4427)
8. April 1941	Entlassung aus dem Lager Auschwitz
Mai/Juni 1941	Bericht aus dem Lager Auschwitz für die polnische Widerstandsbewegung
Oktober 1941	Beginn der Studien an der geheimen Warschauer Universität
Frühsommer 1942	Beginn der Hilfsaktion für die verfolgten Juden in der katholischen Widerstandsgruppe „Front der Wiedergeburt Polens", Warschau
August 1942	Vereidigung in der Heimatarmee (Deckname: Teofil)
Herbst 1942	Sekretär der Redaktion der katholischen Widerstandszeitschrift „Prawda" (Die Wahrheit), Warschau
Dezember 1942	Gründung des Hilfsrates für Juden in Warschau. Als Mitglied unter dem Decknamen Ludwik tätig
Dezember 1942	Mitgründer und Chefredakteur, bis zum Schluß des Erscheinens im Sommer 1944, der Widerstandszeitschrift für die katholische akademische Jugend, „Prawda Mlodych" (Die Wahrheit der Jugend)
Winter 1942/1943 bis August 1944	Stellvertreter des Leiters im Judenreferat der Delegatur der Londoner Exilregierung in Polen
Ende 1942 – Herbst 1944	Laufende Sammlung von Informationen über Nazi-Verbrechen in Warschau an Polen und

	Juden, systematische Bearbeitung des Materials und Übermittlung der Berichte zur Exilregierung nach London
1. August – 2. Oktober 1944	Teilnehmer am Warschauer Aufstand (Leutnant und Oberleutnant) in der Abteilung VI. des Hauptkommandos der Heimatarmee im Stadtzentrum Warschau
7. Oktober 1944	Als Zivilist verläßt Bartoszewski illegal die Stadt Warschau
November 1944 – Januar 1945	Dienst in der Heimatarmee in Krakau. Sekretär der Redaktion des größten Blattes der Heimatarmee, „Biuletyn Informacyjny".
Februar 1945	Rückkehr nach Warschau
Herbst 1945	Mitarbeit in der Hauptkommission für die Untersuchung der Nazi-Verbrechen. Freier Journalist
Januar – November 1946	Redaktionsmitglied der einzigen oppositionellen Tageszeitung im Nachkriegs-Polen, „Gazeta Ludowa", Warschau
15. November 1946 – 10. April 1948	In Haft (1 Jahr und 5 Monate)
Herbst 1948–1949	Fortsetzung der Studien an der Warschauer Universität
14. Dezember 1949 – 16. August 1954	Zum 2. Mal in Haft (4 Jahre und 8 Monate)
März 1955	Als unschuldig anerkannt
Ab August 1955	Im Bibliothekarsverband als Hilfskraft angestellt
1956–1960	(Nach dem „Polnischen Oktober") Redaktionsmitglied bei einem Fachwochenblatt
1957 bis heute	Ständige Mitarbeit in der polnischen katholischen Wochenzeitung „Tygodnik Powszechny"
1961	Erstes Buch: Erich von dem Bach
Januar 1962	Ehrenpreis des hochangesehenen Clubs des Krummen Kreises in Warschau
Herbst 1963	Erste Auslandsreise. Bartoszewski pflanzt einen Baum bei Yad Vashem in Jerusalem
Frühjahr 1965	Erste Reise in die Bundesrepublik. In den 60er Jahren weitere Reisen (in die Bundesrepublik, Österreich, Italien, England; mehrere journalistische, wissenschaftliche und zeithistorische Veröffentlichungen; weitere ständige Mitarbeit im „Tygodnik Powszechny"; Veröffentlichung von Büchern, die in Polen und im Ausland stark beachtet wurden

Dezember 1969	Vorstandsmitglied des polnischen PEN-Zentrums
1. Oktober 1970	27stündige Hausdurchsuchung, gefolgt von Repressalien
1972–1988	gewählter Generalsekretär des polnischen PEN-Zentrums
1973/1974–1985	Gastprofessor der Zeitgeschichte an der katholischen Universität Lublin
1975	Preis des polnischen PEN-Clubs
Januar 1976	Unterschrift unter einen öffentlichen Protest gegen die Änderung der Verfassung der Volksrepublik Polen
Frühjahr 1976	Ehrenring des österreichischen PEN-Clubs
Januar 1978	Mitgründer der Gesellschaft für wissenschaftliche Kurse und einer der Professoren der Fliegenden Universität (bis Ende 1979)
21. August 1980	Unterzeichner des Solidaritätsbriefes der Intellektuellen an die streikenden Arbeiter in Danzig
1980/1981	Mitglied der freien Gewerkschaft Solidarität, Mitgründer des Komitees zur Verteidigung der politisch Verfolgten beim Vorstand (Landesausschuß) der Gewerkschaft Solidarität
November 1980	Mit dem Papst in der Bundesrepublik
März 1981	Ehrendoktor der Philosophie der Freien Polnischen Universität im Ausland, London
13. Dezember 1981	Im Rahmen der Ausrufung des Kriegsrechtes interniert
1982	In der Haftzeit durch Beschluß aufgenommenes Mitglied des französischen PEN-Zentrums
28. April 1982	Aus der Haft entlassen
Mai 1982	Weitere Vorlesungstätigkeit an der Katholischen Universität Lublin
Oktober 1982 – Juni 1983	Stipendiat des Wissenschaftskollegs zu Berlin (Institute for Advanced Study)
Mai 1983	Verleihung des Gottfried-von-Herder-Preises er Stiftung F. V. S. in Wien
Herbst 1983 – Sommer 1984	Gastprofessor der Politischen Wissenschaft an der Ludwig-Maximilian-Universität in München
April 1984	Ehrendoktor der Geisteswissenschaften des Baltimore Hebrew College, Baltimore, USA
Oktober 1984 – Sommer 1985	Katholische Universität Lublin. Danach Beendigung der Lehrtätigkeit nach 13 Jahren.
November 1985 – Juli 1986	Gastprofessor der Politischen Wissenschaft an der Katholischen Universität Eichstätt

April 1986	2., vom Verfasser autorisierte polnische Ausgabe von „Herbst der Hoffnungen" erscheint bei Editions Spotkania, Paris
September 1986	1. Ausgabe von „Wer ein Leben rettet ..."
5. Oktober 1986	Verleihung des Friedenspreises des Deutschen Buchhandels 1986 in der Paulskirche in Frankfurt/M.
Oktober 1986 – März 1988	Gastprofessor der Politischen Wissenschaft an der Ludwig-Maximilian-Universität in München
April 1988 – September 1990	Gastprofessor der Politischen Wissenschaft an der Universität Augsburg
ab September 1990	Außerordentlicher und bevollmächtiger Botschafter der Republik Polen in Österreich
November 1990	Wahl zum Vorsitzenden des Internationalen Rates des Staatlichen Museums Auschwitz
März 1991	Berufung in den Rat für polnisch-jüdische Beziehungen beim Präsidenten der Republik Polen
Mai 1991	Ausgezeichnet mit dem Großen Verdienstkreuz des Verdienstordens der BRD
1991	Mitglied der Academia Scientiarium et Artium Europea (Salzburg)
Februar 1992	Feierliche Verleihung der im Juli 1991 zuerkannten Ehrenstaatsbürgerschaft des Staates Israel in Wien
Dezember 1992	Österreichisches Ehrenkreuz für Wissenschaft und Kunst I. Klasse
Dezember 1994	Erstverleihung des Mitteleuropa-Preises (für das Jahr 1994) des Instituts für den Donauraum in Mitteleuropa (Wien) „für besondere Verdienste um die regionale Zusammenarbeit in Mitteleuropa"
März 1995	Das Große Goldene Ehrenzeichen am Bande für die Verdienste um die Republik Österreich
6. März 1995	Ernennung zum Minister für Auswärtige Angelegenheiten der Republik Polen
28. April 1995	Rede vor dem Deutschen Bundestag zum Gedenken an den 8. Mai 1945